ÉMILE PECH

Les Miettes
de la Gloire

BOIVIN & Cie, ÉDITEURS

Les

Miettes de la Gloire

(1914-1917)

TYPOGRAPHIE FIRMIN-DIDOT ET Cie. — MESNIL (EURE).

Les Miettes de la Gloire

(1914-1917)

Dessins de

H. THIRIET

PARIS

ANCIENNE LIBRAIRIE FURNE

BOIVIN & Cie, ÉDITEURS

3 & 5, RUE PALATINE (VIe)

A MON EXCELLENT AMI V. FRINGHIAN

Je dédie ce livre,

en témoignage de ma vive et bien affectueuse sympathie.

E. P.

LES
MIETTES DE LA GLOIRE

(1914-1917)

NOTRE BELLE FRANCE

Dans le livre d'or que les enfants de France écrivent avec leur sang à la gloire de la patrie, il y aura des pages pour tout le monde, pour tous les rangs, pour tous les âges, pour toutes les classes de la société, depuis le rejeton de la plus illustre lignée jusqu'au plus humble ouvrier de la ville ou des champs.

On dirait, en effet, que c'est un privilège de la guerre de remuer en nous, à côté de ce qu'il peut y avoir de violent ou de brutal, ce qu'il y a de doux, d'aimable, de noblement humain ; de faire renaître, avec nos autres vertus originelles, la gaieté dans le péril et l'ingéniosité dans le courage.

Du courage, depuis qu'a retenti sur la France le glas

funèbre annonçant la ruée des Barbares contre la civilisation, tout le monde en a : les grands, les petits, les jeunes, les vieux. Bien mieux, tous nos défauts semblent s'être fondus dans la fournaise ; et, de légers, frivoles et bruyants que nous étions, la guerre a fait de nous des hommes graves, sérieux, réfléchis, fiers d'être Français et prêts à verser leur sang pour le salut commun.

Aussi, quelle riche éclosion de patriotisme, d'abnégation et de dévouement les chroniques de la guerre actuelle ne nous révèlent-elles pas !

Tantôt c'est un sergent d'infanterie qui, sachant qu'il ne reviendra pas vivant, ou tout au moins intact, d'une mission périlleuse dont l'accomplissement peut avoir pour nous les plus heureuses conséquences, n'hésite pas à se dévouer pour l'honneur du drapeau et le bien de la patrie.

Tantôt c'est un simple soldat qui, blessé lui-même et voyant tomber près de lui son capitaine frappé d'une balle à la tête, reste seul en arrière des autres et, au milieu du crépitement de la fusillade qui fait rage autour de lui, le charge sur ses épaules et l'emporte dans nos tranchées.

Les enfants eux-mêmes n'échappent pas à cette contagion d'héroïsme.

C'est, près de Sainte-Marie-aux-Mines, un villageois de quinze ans qui se laisse coller au mur et fusiller par de féroces Teutons plutôt que de leur révéler la présence de nos troupes dans un petit bois voisin.

C'est, aux environs d'Albert, un garçon de treize ans qui, grâce à une indication sciemment inexacte qu'il donne au chef d'un nombreux détachement ennemi, détourne ce détachement d'un chemin qui l'eût conduit vers un poste français numériquement trop faible pour opposer aux Allemands une résistance efficace.

C'est... c'est... Mais on n'en finirait pas si l'on voulait relater, ne fût-ce que la centième partie des actes de bravoure et de dévouement sublime par lesquels s'est affirmé et s'affirme chaque jour le noble caractère de notre race.

Il n'est pas jusqu'aux tout petits qui ne cherchent à s'élever à la hauteur des circonstances tragiques qui, depuis si longtemps, bouleversent le monde.

Chacun connaît pour l'avoir lue ou entendu raconter l'histoire touchante de cet enfant qui, de sa propre initiative et sans en rien dire à sa mère, donne pour le *Noël du Soldat* tout son petit pécule.

, C'est dans une école communale de Paris. Avant de s'installer à leur place, les enfants passent à la queue-leu-leu devant la chaire du professeur. A tour de rôle ils versent sur la table l'obole que la maman leur a donnée. Après tous les autres, un bambin s'approche et tend au maître une poignée de sous. Le maître compte : Un, deux, trois, quatre, cinq, six, sept, huit, neuf...

Neuf sous.

Il regarde l'enfant avec de gros yeux, parce qu'il flaire une supercherie, ce qu'on appelle vulgairement une « carotte », et il lui dit :

— Neuf sous ! Ce n'est pas un compte, cela. Es-tu bien sûr que ta maman ne t'a donné que neuf sous ? Elle ne t'a pas donné une petite pièce ?

L'enfant garde le silence.

— Tu n'as pas acheté un sou de bonbons en venant à l'école ?

Les yeux du pauvre petit s'emplissent de larmes. Le maître insiste.

— Voyons, ta maman ne t'a pas donné que neuf sous !

Alors, d'une voix coupée par les sanglots, l'enfant répond :

— M'sieu, c'est pas maman qui me les a donnés. C'est moi qu'a cassé ma tire-lire.

N'est-ce pas admirable, et ne se sent-on pas pris d'une grande sympathie pour ce petit garçon de sept ans ?

Ah ! comme on comprend que le maître l'ait pressé alors sur sa poitrine et l'ait embrassé à pleines joues !

Les prouesses, les actions d'éclat, les actes personnels d'héroïsme et de dévouement accomplis un peu partout et sous des formes si diverses au cours de cette guerre monstrueuse, seraient tous dignes d'être offerts en exemple aux nouvelles générations qui se lèvent, et capables, en provoquant leur admiration, d'éveiller en leurs jeunes cœurs des sentiments nobles et généreux, de fortifier, de développer en eux le culte de l'honneur et l'amour sacré de la patrie.

Mais ils sont si nombreux, si multipliés, ces actes de courage et d'abnégation dont l'écho est parvenu jusqu'à nous, que leur simple énumération exigerait des volumes; aussi avons-nous dû nous borner à faire parmi eux un choix des plus restreints, que nos jeunes lecteurs trouveront dans les dix récits contenus dans ce livre, écrit spécialement à leur intention.

Ces récits sont donc, non pas une œuvre d'imagination, mais la relation fidèle de faits rigoureusement contrôlés et dont l'authenticité a été consacrée par des attestations d'une origine indiscutable.

A part deux ou trois exceptions jugées nécessaires, les noms mêmes des personnages mis en scène n'ont pas été changés; et si ce livre leur tombe un jour sous les yeux, ils ne nous en voudront pas, nous aimons du moins à le croire, d'avoir fait violence à leur modestie en signalant à l'admiration publique des actes dont ils peuvent à bon droit s'enorgueillir.

I

FESTIN INTERROMPU
OU HISTOIRE D'UN JEUNE VOLONTAIRE
ET D'UNE OIE ROTIE

Il s'appelait Marcel Burdin, et, élevé par les soins de l'Assistance publique, il n'avait jamais connu ni père ni mère. Lorsque éclata l'horrible guerre qui a déjà causé tant de ruines et de deuils, il était âgé de quatorze ans à peine et servait comme garçon de ferme dans un petit village des Vosges, théâtre désigné des batailles sanglantes qui allaient étonner le monde.

Tout en s'acquittant consciencieusement de ses humbles travaux, il assistait, l'air grave et pensif, aux préparatifs militaires, aux mouvements de concentration que nécessitait la défense de notre territoire envahi, et la vue des régiments en marche qui traversaient le pays au son des trompettes guerrières exalta au plus haut point son patriotisme et éveilla en lui des idées belliqueuses.

Ah ! que n'eût-il donné pour être né quelques années plus tôt ! il aurait pu alors, libre de tout lien familial, contracter un engagement dans l'armée et contribuer dans la mesure de ses forces à repousser l'envahisseur. Mais il était trop jeune, et, bien qu'il fût grand pour son âge, robuste et bien découplé, on ne voudrait pas de lui ; peut-être même lui rirait-on au nez s'il émettait la prétention de faire agréer ses services.

Et pourtant il brûlait du désir de se rendre utile à son pays en tuant quelques-uns de ces sinistres bandits qui, lâchement, assassinent les vieillards, les femmes et les enfants, sans motif, sans raison, uniquement pour semer la terreur et repaître leur cruauté du spectacle des souffrances d'autrui.

Longtemps il réfléchit aux moyens de réaliser son rêve ; et, un jour, que le grondement lointain d'une vive canonnade arrivait jusqu'à lui, semblant l'appeler, l'exciter à des résolutions viriles, le souvenir des strophes enflammées du chœur des Girondins, qu'il avait autrefois apprises à l'école, lui vint soudain à l'esprit. A pleine voix, tout en poussant ses bœufs qu'il ramenait du pâturage, il se mit à chanter :

> Par la voix du canon d'alarme
> La France appelle ses enfants.
> Allons, dit le soldat, aux armes !
> C'est ma mère, je la défends.

Sa mère... il n'en avait, hélas ! jamais connu ni les soins ni les tendres caresses ; et puisqu'il n'en avait point à aimer, à protéger, à défendre en cas de danger, il aimerait et défendrait celle qui est notre mère à tous : la Patrie.

En un instant son parti était pris. Il rentra ses bœufs, grimpa à la soupente qui lui servait de chambre à coucher, au-dessus de l'étable, crayonna à la hâte un petit mot à l'adresse du fermier pour lui annoncer son départ; puis il chaussa une bonne paire d'escarpins ferrés, fit de son unique vêtement de rechange un paquet qu'il jeta sur ses épaules, et, lesté d'une miche de pain et d'un morceau de lard, il se lança dans l'inconnu.

Longtemps il chemina, la joie au cœur et la chanson aux lèvres, heureux de se sentir libre, grandi par le sentiment du devoir vers lequel il se croyait appelé. Allègrement, chaque pas le rapprochait du théâtre de la lutte dont le fracas, répercuté par les échos d'alentour, lui parvenait de plus en plus distinct.

A un carrefour formé par quatre chemins, il perçut tout à coup le bruit cadencé d'une troupe en marche qui s'avançait de son côté ; ayant fait quelques pas de plus, il se trouva en présence d'une compagnie d'infanterie qui, après quelques jours de repos dans un cantonnement de l'arrière, allait reprendre sa place de combat.

Il laissa la colonne tout entière défiler devant lui et, délibérément, sans la moindre hésitation, il se glissa dans le dernier rang, aux côtés d'un territorial à cheveux gris dont le visage avait, malgré sa rudesse, une expression de franchise et de bonhomie bien faite pour inspirer la confiance.

— Où vas-tu comme ça, mon petit? interrogea le vieux fantassin.

— Avec vous, répondit hardiment l'entreprenant garçon.

— Mais, malheureux, tu ne sais donc pas que nous allons au feu et que, dans quelques heures, dans quelques minutes peut-être, ça va chauffer terriblement là-bas?

— Ça me va, répliqua Marcel, une flamme dans les yeux.

— Ça te va? Et avec quoi te battras-tu, nigouille? Pas de fusil, pas de baïonnette... Comptes-tu donc te battre à coups de poing?

— Je prendrai le fusil et la baïonnette du premier Français qui tombera sous les balles prussiennes.

— A la bonne heure, voilà qui est parler net!... Quel âge as-tu?

— Seize ans, affirma avec un aplomb superbe l'aspirant soldat, craignant que ses quatorze ans ne pussent trouver grâce auprès du chef du détachement, dès que celui-ci s'apercevrait de sa présence.

— Seize ans, c'est bien jeune. Enfin, puisque tu le veux... Mais j'ai bien peur que le capitaine...

Tout à coup un long bruissement déchira l'air, et un obus, puis un second, vinrent éclater au bord du chemin que suivait la petite troupe. Deux hommes furent atteints par des fragments de projectiles. L'un n'était que blessé; l'autre, frappé à la tempe, tomba mort sur le coup.

On releva le blessé, on ensevelit le mort, dont Marcel fut chargé de porter le fusil et tout le fourniment jusqu'à la tranchée, qui maintenant n'était plus qu'à quelques pas. C'était une étroite galerie à ciel ouvert protégée par un plafond fait d'une épaisse couche de terre et de branchages, dont les Boches avaient maintes fois, mais en vain, tenté de s'emparer. Nos hommes s'y engagèrent à la file indienne et s'y installèrent de leur mieux en attendant les événements.

Leur attente ne fut pas de longue durée. A peine, en effet, venaient-ils de déboucler leurs sacs et de poser leurs fusils, qu'une rafale d'obus et de shrapnels s'abattit autour d'eux, menaçant de les ensevelir tout vivants dans leur couloir souterrain.

Presque aussitôt une vive canonnade partie de l'arrière donna abondamment la réplique, et ce fut pendant quelques instants un violent duel d'artillerie, un concert formidable où la voix du canon français dominait le tonnerre des batteries allemandes.

— Ah! ah! dit à Marcel le vieux soldat qui semblait l'avoir pris sous sa protection, tu as voulu voir la guerre de près! Eh bien, mon gaillard, je crois que te voilà servi plus tôt que tu ne pensais!

— Pas tout à fait; je ne serai content que lorsque

L'HOMME TOMBA COMME UNE MASSE AU PIED DE L'ESCALIER.

j'aurai fait le coup de feu contre les Boches et en aurai descendu quelques-uns.

— S'ils t'en laissent le temps, ricana le territorial.

— Bah! c'est ce que nous verrons.

A ce moment un ordre circula d'un bout à l'autre de la tranchée, et presque aussitôt, au crissement aigu du sifflet de commandement, la compagnie sortit de son abri pour se ruer à l'assaut d'une position solidement occupée, à trois cents mètres de là, par un fort contingent ennemi.

La lutte ne fut ni longue, ni, pour nous, trop meurtrière. Avec un élan, une impétuosité qui défiait tous les obstacles, nos hommes bondirent, baïonnette en avant, sur la première ligne de tranchées adverses, et bousculant les Bavarois qui en défendaient l'approche, ils en exterminèrent le plus grand nombre et firent le reste prisonnier.

Parmi les combattants du camp français, Marcel, qui, timidement et se dissimulant de son mieux, avait suivi la poussée, ne fut ni le moins actif ni le moins intrépide. Manœuvrant la baïonnette avec une fougue et une vigueur peu communes, il contribua pour sa part au succès de l'affaire et fut même assez heureux pour sauver la vie de son ami le territorial, en détournant d'un violent coup de crosse le revolver qu'un sous-officier ennemi tenait braqué sur lui.

Mais la fortune des armes réservait encore d'autres faveurs à ce jeune et audacieux néophyte de la bataille.

Tandis que les vainqueurs s'organisaient dans leur nouvelle tranchée, Marcel, qui se tenait à l'écart pour passer autant que possible inaperçu du commandant de la compagnie, avait remarqué, à peu de distance de cette tranchée, une maison de paysan dans laquelle il avait vu entrer, l'un après l'autre, plusieurs soldats allemands.

Que pouvaient-ils aller faire dans cette maison iso-lée? Méditaient-ils quelque stratagème destiné à nous faire perdre le bénéfice de notre petite victoire? Sans s'ouvrir de son dessein à qui que ce soit, il voulut en avoir le cœur net.

Arrachant vivement quelques rameaux verts aux arbustes qui, çà et là, jaillissent du sol bouleversé, il s'en recouvre comme d'un vêtement et, lentement, profitant des moindres replis du terrain pour se dérober à la vue, il arrive devant la rustique demeure. La porte du rez-de-chaussée en est fermée; il fait le tour du bâtiment; sur l'autre façade, une lucarne par laquelle une odeur d'étable s'exhale au dehors, lui offre un accès favorable; un vieux tonneau placé contre le mur et dont il se fait un marche-pied lui permet de l'atteindre et de s'y glisser assez facilement, malgré son fusil, dont il ne veut pas se séparer, bien qu'il gêne un peu la liberté de ses mouvements.

En bas, nul être vivant, du moins il le croyait. Cependant, attiré par un bruit de voix qui lui sem-blait venir d'en haut, il se disposait à ôter ses chaussures pour monter l'escalier de bois conduisant à l'étage, lorsque, après avoir traversé l'étable, il se trouva face à face avec un grand diable de Bavarois qui, sans trop s'émouvoir de la présence du jeune paysan, lui dit :

— *Was kommst du hierher zu machen ?* (Que viens-tu faire ici?)

Marcel devina la question plutôt qu'il ne la comprit.

— Ce que je viens faire? répondit-il. Tiens, le voilà.

Et, prompt comme l'éclair, fonçant sur le soldat, il lui plongea sa baïonnette entre les côtes.

Dans un râle étouffé, l'homme tomba comme une masse au pied de l'escalier.

Sans perdre de temps, le vaillant garçon gravit nu-pieds les degrés de bois. Une porte était devant lui, sur le palier. Très ému et retenant son souffle, il retira la clef qui était restée en dehors et risqua un œil dans le trou de la serrure. Ce qu'il vit alors excita en lui le plus vif intérêt. Huit soldats bavarois étaient assis autour d'une table, devant une oie rôtie flanquée de nombreux flacons. Armé d'une fourchette et d'un poignard-baïonnette en guise de couteau, l'un d'eux s'était érigé en écuyer tranchant, pendant que d'autres débouchaient les bouteilles en échangeant des propos qui devaient être plaisants, à en juger par le rire bestial qui épanouissait leurs visages de brutes.

— Oh! oh! se dit Marcel, de l'oie pour ces goinfres! Non, non, il ne faut pas. Ça leur donnerait une indigestion.

Et ayant prudemment tourné deux fois la clef dans la serrure, il courut à perdre haleine rejoindre la compagnie pour raconter aux « poilus » le spectacle auquel il venait d'assister

— Dépêchez-vous, leur dit-il, sinon vous ne trouverez plus que les os.

. . . .

Moins de dix minutes plus tard, les huit Bavarois étaient faits prisonniers; et l'oie rôtie, congrument découpée, prenait *avec* eux, mais non *pour* eux, le chemin de la tranchée conquise.

SOUS LES RUINES DU COUVENT

Nos bons troupiers ont si bien su, par leur fière audace et leur merveilleux entrain, forcer non seulement notre admiration, mais encore celle des neutres et de leurs adversaires eux-mêmes, que notre belle langue, cependant si riche, si souple, si colorée, nous semble impuissante à exprimer comme on le voudrait l'enthousiasme suscité par les hauts faits qu'ils accomplissent chaque jour avec une abnégation et un esprit de sacrifice dont la grandeur ne le cède en rien à celle des plus beaux exploits des héros de l'antiquité.

Les mots « courage indomptable, vaillance héroïque, bravoure intrépide », par lesquels s'affirme d'ordinaire cette admiration, sont devenus si naturels pour dépeindre les qualités guerrières déployées sur tous les champs de bataille par les enfants de la France, qu'ils ont fini, ces mots, par perdre de leur signification, et qu'on aimerait pouvoir en inventer d'autres plus forts, plus expressifs, plus propres à mettre en lumière le stoïcisme des soldats qui, depuis plus de trente mois, donnent leur sang et leur vie pour la défense de la patrie.

Et ce ne sont pas seulement nos « poilus » qui, en face de l'ennemi, se montrent courageux, intrépides, pleins d'ardeur pour la victoire et de souverain mépris pour le danger.

A l'écart de la fournaise qui consume tant d'existences précieuses, les vieillards, les femmes, les enfants sont, eux aussi, à la hauteur des circonstances tragiques qui étreignent nos cœurs, et, s'inspirant des nobles exemples donnés par ceux dont les mâles poitrines se dressent comme un mur d'airain contre les vaines tentatives du Germain abhorré, ils accomplissent des actes d'héroïsme bien dignes d'être inscrits en lettres d'or dans les annales de la gloire.

Parmi ces actes, dont les chroniques de la guerre nous apportent incessamment l'écho, il en est un dont l'héroïne est une toute jeune fille — douze ans à peine — et qui mérite d'être rapporté.

Elle habitait avec sa vieille grand'mère une humble maisonnette dans un petit village situé non loin de Clermont, dans l'Oise.

Quand on vint annoncer à la population l'approche imminente des troupes allemandes, les habitants se hâtèrent de prendre la fuite avec ce qu'ils avaient de plus précieux pour aller chercher ailleurs un refuge contre la férocité bien connue des hordes teutonnes.

Tous, sauf Geneviève Landry, qui, ne pouvant emmener son aïeule, infirme et impotente, ne voulut à aucun prix s'en séparer.

Elle resta donc pour veiller sur elle et lui donner les soins que réclamait son état, la nourrissant et se nourrissant elle-même avec les légumes d'un petit potager attenant à la maisonnette et quelques provisions que des voisins compatissants leur avaient laissées avant de partir.

Cependant, six jours s'étaient écoulés sans qu'elle eût vu paraître le moindre casque pointu, lorsque, un matin de septembre, aux premières lueurs du jour, le bruit d'une vive fusillade vint la faire tressaillir.

Sans perdre un instant, elle courut vers l'église et, avec l'agilité d'un jeune chat, grimpa l'étroit escalier en spirale qui conduisait au clocher, afin de voir du haut de cet observatoire ce qui se passait dans la plaine.

Le spectacle, si nouveau pour elle, qu'elle eut alors sous les yeux fit battre son cœur d'une émotion très vive : en bas, à une demi-lieue environ du village, dans la petite vallée formée par un affluent de l'Oise, une rencontre des plus meurtrières avait lieu entre un bataillon français chargé de la défense d'une de nos positions avancées et un régiment de Wurtembergeois qui avait la prétention de nous en déloger.

La lutte, acharnée des deux côtés, dura presque

toute la matinée, [avec des alternatives diverses qui semblaient donner l'avantage tantôt à l'un, tantôt à l'autre des deux partis en présence.

Trois fois les Boches prirent pied dans nos premières lignes de tranchées, trois fois ils en furent rejetés par une charge impétueuse de nos soldats, qui, se ruant baïonnette en avant sur l'ennemi, en firent une telle hécatombe, que le sol fut bientôt jonché de leurs cadavres. De ceux qui n'avaient pas succombé dans la lutte, les uns battirent prudemment en retraite, les autres levèrent les bras en l'air en signe de soumission et furent faits prisonniers.

Bien cachée entre les poutres qui formaient l'armature du clocher, Geneviève avait suivi, tremblante d'anxiété, les tragiques péripéties de l'action engagée devant elle. Or, comme, avant de descendre, elle fouillait une dernière fois du regard l'horizon, elle crut distinguer dans le lointain, derrière le terrain du combat auquel elle venait d'assister, une troupe nombreuse d'Allemands dont les casques et les armes d'acier étincelaient aux rayons du soleil.

Au même instant, elle entendit au-dessous d'elle, dans les rues mêmes du village, le crépitement d'une fusillade accompagnée de cris de douleur et de rage. C'était une vingtaine de nos poilus, qui, entraînés par l'impétuosité de leur élan, avaient traqué jusque-là un groupe de soldats ennemis qui fuyaient devant eux.

Puis, tout à coup, le calme se rétablit. Seul, maintenant, un bruit de voix françaises parvenait aux oreilles de la jeune fille. Résolument, elle descendit et se trouva en présence de nos troupiers, dont les baïonnettes rouges de sang attestaient, ainsi que les cadavres boches étendus à leurs pieds, la vigueur avec laquelle ils s'étaient acquittés de leur patriotique besogne.

Elle les aborda.

— Méfiez-vous, leur dit-elle, je viens de voir du haut du clocher des renforts allemands qui pourraient bien, d'une minute à l'autre, vous tomber sur le dos.

— Où ça ? De quel côté ? s'informèrent-ils.

— Venez avec moi, je vous les montrerai.

Deux des hommes la suivirent.

A peine eurent-ils jeté un coup d'œil dans la direction que leur indiquait la jeune fille :

— Y a pas bon, dit l'un d'eux; ils sont au moins deux compagnies, et nous ne sommes qu'une vingtaine d'hommes. La partie serait vraiment par trop inégale et ne nous laisserait d'autre alternative que de nous faire massacrer ou de mettre bas les armes. Il importe donc qu'ils ne nous voient pas ici... Mais où nous réfugier pour attendre les événements ?

— Je sais un endroit où vous ne risquerez pas d'être découverts, déclara Geneviève; je vais, si vous voulez, vous y conduire.

— Certes, oui, nous le voulons, Mademoiselle; le plus tôt sera le mieux, car ils paraissent se diriger tout droit de ce côté, et ils ne sont plus à cette heure qu'à trois ou quatre cents mètres d'ici.

— Eh bien! venez avec moi.

Ils descendirent en toute hâte rejoindre leurs camarades restés en bas et, guidés par la jeune fille, ils s'acheminèrent silencieusement vers les ruines d'un ancien monastère dont quelques pans de mur se dressaient encore sur un terrain vague en bordure du village.

Entre les murailles écroulées, que tapissait une abondante végétation de pariétaires, le sol présentait un amas de décombres parmi lesquels poussait un inextricable fouillis de ronces parasites.

A l'instigation de Geneviève, un des soldats écarta du bout de son fusil une grosse touffe de genêts épineux et mit ainsi au jour une étroite cavité presque entièrement obstruée par des cailloux et des détritus de toutes sortes.

— C'est là, dit-elle, l'accès d'un souterrain qui reliait jadis le couvent à l'église, mais dont, du côté de l'église, l'issue est depuis longtemps fermée au moyen d'une énorme dalle. Entrez-y et n'en sortez pas jusqu'à ce que je vienne vous prévenir que tout danger a disparu... Si vous ne me revoyez pas, ajouta-t-elle avec un sourire plein de gravité, c'est que les Boches m'auront tuée. Dans ce cas, tirez-vous d'af-

C'EST LA, DIT-ELLE, L'ACCÈS D'UN SOUTERRAIN...

faire comme vous pourrez, et à la grâce de Dieu!

En un tournemain nos poilus réussirent à dégager l'orifice du souterrain assez pour qu'il pût livrer passage à un homme accroupi; puis, l'un après l'autre, ils s'y glissèrent à reculons en riant et plaisantant, comme s'il se fût agi d'une simple partie de plaisir comportant la visite d'une crypte merveilleuse, mais d'accès difficile.

Dès que Geneviève eut vu le dernier disparaître dans les profondeurs de la galerie, elle ramena devant l'ouverture une partie des décombres que les soldats en avaient enlevés.

— Comme cela, dit-elle, s'il prenait fantaisie aux Boches de venir rôder par ici, ils ne s'apercevraient de rien. Allons, ayez soin de ne pas vous montrer, et espérons que vous n'aurez pas à faire dans ce trou un trop long séjour.

— Merci, Mademoiselle, répondit celui qui était le plus près d'elle. On vous attendra comme le Messie... et quel adorable Messie! Mais, vous savez, on ne s'en fait pas; et pourvu que ces têtes de choucroute déguerpissent avant que nos estomacs crient famine...

Comme il parlait ainsi, le piétinement d'une troupe en marche se fit entendre à peu de distance.

— Attention! les voici, avertit la jeune fille en posant un doigt sur ses lèvres. Soyez prudents. Au revoir, à bientôt; vous pouvez compter sur moi.

Et d'un pas rapide, se dissimulant de son mieux derrière les maisons, elle regagna sa demeure, où l'aïeule, qu'avait épouvantée le bruit de la récente fusillade, s'agitait désespérément sur sa chaise longue, en proie aux plus vives angoisses.

— Oh! mon enfant, mon enfant, d'où viens-tu donc? Où as-tu été si longtemps? Depuis que j'ai entendu ces coups de fusil dans la rue, je ne vis plus; j'avais peur que ces bandits t'eussent tuée ou emmenée de force avec eux, comme ils en ont emmené tant d'autres!

Geneviève ne crut pas devoir raconter, même à sa grand'mère, qu'une partie du temps qu'avait duré son absence avait été employée par elle à mettre en sûreté les soldats français que, dans l'ardeur de la lutte, leur fougue avait séparés du reste des combattants. Elle craignait trop pour cela que, sous l'empire de la menace, la malheureuse femme, débilitée moralement et physiquement par les souffrances et la maladie, ne se laissât aller à trahir un secret que la vaillante jeune fille était prête à tenir, elle, fût-ce même au péril de sa vie.

— Eh bien! tu vois, grand'mère, répondit-elle simplement, tu avais tort de t'alarmer ainsi, puisque tu me retrouves saine et sauve. Les Boches qui étaient là tout à l'heure, avaient d'ailleurs autre chose à faire que de s'occuper de moi; et j'espère n'avoir pas davantage à souffrir de la part de ceux qui marchent en ce moment sur le village.

— Il en vient d'autres! gémit la malade, les yeux dilatés par la terreur. Oh! Seigneur, qu'allons-nous devenir?

— Voyons, grand'mère, ne t'en fais pas, comme disent nos braves poilus. Tu n'as qu'à te tenir là bien tranquille, comme un enfant bien sage ; ils ne voudront certainement pas faire de mal à une pauvre impotente et à une faible fille sans défense.

— Dieu t'entende, ma chérie. Mais ces gens-là sont tellement féroces et lâches, que maladie ou faiblesse trouvent rarement grâce devant eux. Regarde ce qu'ils ont fait de ton oncle de Vouziers, qui, bien que grelottant la fièvre dans son lit, en fut brutalement arraché par ces misérables, placé sur une chaise contre le mur de son jardin et impitoyablement fusillé. Oh ! les monstres !

— Oui, bonne maman, mais ceux qui ont fait cela ne pouvaient être que des brutes gorgées de vin et d'alcool. De sang-froid, quel est l'homme assez sanguinaire pour commettre un crime si abominable?... Ah ! les voilà qui approchent. Encore une fois, grand'mère, ne t'inquiète pas. Laisse-moi faire, et tout ira bien.

Elle borda avec soin la couverture de laine qui enveloppait les jambes de la malade, ramena avec des gestes câlins sous son bonnet les mèches grises qui vagabondaient au long de ses tempes, et lui mettant un baiser au front, elle se dirigea vers la porte.

Arrivée sur le seuil, elle aperçut au bout de la rue un parti de soldats allemands — deux cents environ — qui, le fusil en arrêt et baïonnette au canon, entraient par petits groupes dans chaque maison et en ressortaient presque aussitôt pour pénétrer dans une autre. Si la porte, fermée à clef, ne s'ouvrait pas assez vite, ils l'enfonçaient à coups de crosse, de même que les volets ou les persiennes des fenêtres du rez-de-chaussée, que les habitants avaient soigneusement closes avant d'accomplir le lamentable exode qui les exilait pour un temps plus ou moins long du foyer domestique.

Quand ils atteignirent la maisonnette de Geneviève Landry, ils ne furent pas peu surpris de voir, debout devant l'entrée, une jeune fille dont le regard, que ne troublait aucune frayeur, semblait n'attacher à leur présence et à leurs mouvements d'autre intérêt que celui d'une simple curiosité.

Le lieutenant qui commandait le détachement, vint à elle et, la dévisageant d'un air soupçonneux :

— Que faites-vous ici, Mademoiselle interrogea-t-il avec rudesse, mais en un français assez correct.

— Cette maison est celle de mes parents, et j'ai le droit de l'habiter, répondit Geneviève sans s'émouvoir.

— Hum! Comment se fait-il que vous soyez restée, quand tous les autres habitants du village sont partis ?

— Ma grand'mère est malade et impotente; elle n'a pas pu se résoudre à quitter cette demeure, où elle a toujours vécu, où elle voudrait mourir, et je suis restée pour en prendre soin.

— Vous êtes seule avec elle ?

— Oui, monsieur l'officier.

— Et votre père, votre mère ?

— Ma mère est morte en me mettant au monde, et mon père il y a deux ans, dans un accident de chemin de fer.

Quoique les réponses de la jeune fille eussent un réel accent de sincérité et que tout dans son attitude et dans l'expression de sa physionomie reflétât la plus entière franchise, l'officier boche éprouvait encore quelque sus-picion. Il se tourna vers ses hommes, et sur un ordre bref qu'il leur donna en langue allemande trois d'entre eux se détachèrent, fusil au poing, du reste de la troupe.

— Nous allons visiter votre maison, dit-il ensuite à Geneviève, et si vous m'avez trompé, malheur à vous !

— Vous pouvez entrer, vous et vos soldats; je ne crains rien.

Un rapide examen permit aux Boches de constater qu'il n'y avait rien de suspect à l'intérieur de l'humble logis. Ils n'y trouvèrent, en effet, que la pauvre grand' mère, qui, à demi-couchée sur sa chaise longue, suivait d'un œil hagard leurs allées et venues, bien persuadée, tant elle redoutait ces Barbares, qu'elle était infaillible-ment vouée à périr sous leurs coups.

— C'est entendu, Mademoiselle, concéda le lieute-nant sans se départir de son ton sévère : il n'y a chez vous personne autre que cette malade; mais *je sais*, ajouta-t-il en appuyant sur ces derniers mots, que des soldats français se trouvent dans le village, ou aux abords du village. Vous devez certainement savoir où ils sont. Il ne vous sera fait aucun mal si vous dites la vérité; dans le cas contraire, vous subirez la peine réservée aux espions et aux traîtres. Voyons, n'ayez pas peur et répondez-moi franchement.

Dans une muette et rapide invocation que sa pensée formula avec toute la ferveur de son âme, la jeune fille demanda à Dieu de lui pardonner le mensonge qu'elle allait commettre pour le bien de la patrie. Puis, levant sur l'officier son regard limpide :

— Monsieur, répondit-elle d'une voix calme et bien assurée, tout à l'heure j'ai entendu une vive fusillade dans les rues du village; peu d'instants après, j'ai vu des soldats français passer en courant devant ma porte...

— Combien étaient-ils?

— Je ne peux pas vous dire, mais ils étaient assez nombreux.

— Combien à peu près?

Geneviève parcourut lentement des yeux le groupe boche arrêté au milieu de la rue, comme si elle eût cherché à se rendre compte de son importance numérique, et après avoir feint de réfléchir l'espace de quelques secondes :

— Ma foi, oui, dit-elle du ton le plus naturel, il y en avait bien autant que dans cette troupe que vous commandez... peut-être même un peu plus.

— De quel côté se sont-ils dirigés?

— Par là, répondit Geneviève tendant le bras dans une direction qui n'était pas du tout celle des ruines du couvent où elle avait conduit les poilus.

— Êtes-vous bien sûre qu'ils ne se sont pas cachés dans quelque maison du village?

— Absolument sûre.

— Prenez garde! gronda l'officier; si vous mentez, il y va de votre vie.

— Je le sais, Monsieur, mais je n'ai pas peur.

— Ainsi vous m'affirmez, insista le Boche, qu'ils ne se sont pas arrêtés ici?

— Dussiez-vous me fusiller sur-le-champ, je vous l'affirme, répéta la jeune fille avec un aplomb superbe.

La calme assurance de cette frêle et gracieuse créature finit par triompher des soupçons de l'officier.

— Bon, dit-il, je veux bien vous croire. Continuez donc à soigner votre grand'mère; mais, pour elle comme pour vous, il vaudrait mieux que vous ne restiez pas ici, où, d'un moment à l'autre, vous pouvez vous trouver prises entre deux feux.

Sur ces mots, le reître lui tourna le dos et, suivi de ses hommes, il se retira.

Dès que le bruit de leurs pas se fut perdu dans l'éloignement, Geneviève remonta en toute hâte à son observatoire pour essayer de voir si le détachement ennemi n'avait pas fait halte en quelque point du voisinage, dans l'intention d'y surveiller tout mouvement qui viendrait à se produire aux alentours du village.

Mais, à son grand soulagement, elle put constater que les Allemands avaient déjà parcouru une assez longue distance du côté de leurs premières lignes. Tout semblait donc indiquer qu'ils n'étaient pas près de reparaître.

Alors elle courut vers les ruines du couvent, et ayant rapidement déblayé l'orifice du souterrain, elle se pencha vers le sol en jetant un cri d'appel.

— Les Boches sont repartis, dit-elle aux soldats français, qui attendaient avec impatience le moment de se retrouver au grand air et à la bonne lumière du jour.

Un à un, en rampant comme des lézards, nos vingt poilus sortirent de l'étroite galerie ; puis, pour plus de précaution, deux d'entre eux étant allés s'assurer, du haut du clocher, que nulle surprise n'était à craindre, ils se disposèrent à prendre congé de la jeune fille.

— Mademoiselle, lui dit l'un d'eux au nom de tous, vous êtes une bonne petite Française, et vous pouvez vous vanter de nous avoir rendu un fier service ! Nous ne l'oublierons pas. Merci, et au revoir.

Une demi-heure plus tard, nos vaillants troupiers rentraient sains et saufs dans les tranchées, chaleureusement accueillis par leurs camarades, qui, ne les ayant pas vus revenir en même temps qu'eux de cette chaude affaire, désespéraient de jamais les revoir.

III

BOUDOU

C'était quelques semaines seulement avant qu'éclatât l'effroyable conflit qui allait mettre aux prises les unes contre les autres toutes les grandes nations de l'Europe.

Un bataillon de tirailleurs marocains, parti de Figuig dès l'aube pour effectuer une reconnaissance dans les environs, venait de s'engager dans un bois de lentisques quand, soudain, les hommes qui marchaient en tête de la colonne s'arrêtèrent, intrigués, devant un rocher émergeant à quelques mètres du sol.

Ce rocher, semblable à la plupart de ceux qui hérissent la plaine saharienne, n'avait pourtant rien qui méritât d'attirer particulièrement l'attention, si ce n'est que, de l'une de ses anfractuosités à demi cachée par les buissons, une sorte de glapissement s'était fait entendre.

Était-ce une hyène, un chacal, ou toute autre bête de proie surprise et irritée par la présence de l'homme? L'œil au guet, l'arme prête, deux ou trois tirailleurs s'approchèrent en poussant de grands cris pour effaroucher l'animal, quel qu'il fût, et le forcer à sortir de sa tanière.

Tout à coup, l'un de ces hommes se mit à rire aux éclats. Devant lui, sur un lit de feuilles sèches, était étendu un jeune négrillon qui, grelottant de fièvre, le regardait sans paraître éprouver la moindre frayeur.

— Que fais-tu là? demanda le soldat, se penchant sur la chétive créature.

— Boudou.

— A quelle tribu appartiens-tu?

— Boudou, répéta l'enfant.

— Boudou…, Boudou… Ce n'est pas une réponse cela. Voyons, lève-toi, que je voie un peu ton anatomie.

Ce disant, il le prit brusquement par la main pour l'aider à se relever; mais le mouvement que fit le négrillon pour obéir à cette injonction lui arracha un cri de douleur. Les tirailleurs s'aperçurent alors que le pauvre petit diable avait la cheville enflée et ne pouvait pas se tenir debout.

Ils le remirent sur son lit de feuillage, lui donnèrent à boire quelques gorgées d'eau coupée d'un peu de tafia, une poignée de dattes, dont la plupart avaient une petite provision dans leurs musettes. Puis, ayant entouré d'une solide ligature son pied malade, ils lui firent comprendre à grand renfort de gestes qu'il aurait à se tenir là bien tranquillement jusqu'à leur retour, lequel devait avoir lieu dans la même journée.

— C'est compris, n'est-ce pas? lui dit un des Marocains, plongeant en guise de caresse le bout de ses doigts dans les cheveux noirs et crépus du jeune négrillon.

— Boudou, Boudou, répondit l'enfant avec un regard plein de reconnaissance pour le secours que ces hommes lui avaient apporté.

Lorsque, quelques heures plus tard, le bataillon repassa devant le rocher, le petit blessé était là, dormant d'un profond sommeil.

Un soldat au teint bronzé le souleva avec précaution, le plaça à califourchon sur son sac, et, grossi de cette nouvelle recrue, le détachement rentra dans ses casernements.

Désormais, l'enfant du désert avait une famille; car à partir de ce jour il vécut avec les tirailleurs, qui s'ingéniaient à lui rendre la vie agréable et facile, tout en le pliant aux exigences de la discipline à laquelle eux-mêmes étaient astreints par les règlements militaires.

Et comme, à toutes les questions qu'on lui avait faites en vue de savoir qui il était, d'où il venait, où étaient ses parents, il avait invariablement répondu : « Boudou, Boudou », ces deux syllabes, douces dans sa bouche, et harmonieuses comme le souffle de la brise à travers les palmiers, servirent à former le nom sous lequel on l'appela, et Boudou parut s'en accommoder fort bien.

D'intelligence très vive, de caractère enjoué, d'une espièglerie aimable dont chacun s'émerveillait, il était devenu le joujou, l'enfant gâté de ses protecteurs, lorsque, un soir, à la chambrée, l'ordre vint au bataillon de se tenir prêt à partir aux premières heures du jour suivant pour aller faire campagne en France contre les Allemands, qui venaient de nous déclarer la guerre.

Cette nouvelle fut accueillie avec des transports d'enthousiasme par les tirailleurs, qui, après avoir entonné en chœur *la Marseillaise* et lancé leurs chéchias au plafond en signe de joie, procédèrent incontinent à leurs préparatifs de départ.

Sans trop se rendre compte de la situation, Boudou prit part à l'allégresse générale, bien que, dans l'agitation produite par cet événement, personne ne fît grande attention à lui. Seul un caporal, à qui ses grands yeux de faon apprivoisé semblaient demander la cause de cette effervescence, daigna lui témoigner quelque intérêt.

— Eh bien ! mon pauvre Boudou, lui dit-il, va falloir nous séparer. La France nous réclame ; mais ne te désole pas, nous reviendrons bientôt.

Boudou comprit. Il baissa d'abord la tête, puis la relevant avec un air de résolution :

— Boudou partir avec li bataillon, dit-il simplement.

— Ce n'est pas possible, mon petit ; le colon ne voudrait pas de toi.

— Boudou partir quand même.

Et quittant le caporal, il se retira dans le petit coin de la chambrée qui lui était affecté, afin de ruminer dans sa tête le moyen de réaliser son projet.

Avant que le soleil parût à l'horizon, il sortit de la caserne sans rien dire à personne, alla rôder autour de la gare, guettant le moment favorable à l'exécution du plan qu'il avait conçu; puis se glissant jusqu'à l'un des wagons du train qu'il supposait devoir emporter les tirailleurs vers le lieu d'embarquement, il s'accrocha des pieds et des mains sous le châssis et attendit.

Bientôt le bataillon arrivait à son tour, et le train s'ébranlait au milieu des acclamations des vaillants soldats, heureux d'aller se joindre aux troupes du continent pour défendre le sol de la patrie contre l'invasion allemande.

Suspendu au cadre de la voiture comme une mouche au plafond, Boudou resta dans cette position gênante, assourdi par le fracas des lourds véhicules roulant sur les rails, aveuglé par la poussière, suffoqué par la violence de l'air que soulevait la marche rapide du convoi; si bien que lorsque, après de longues heures de ce supplice, encore aggravé par les tiraillements de son estomac, il vit enfin les tirailleurs descendre du train, notre entreprenant négrillon avait à peine la force de se tenir.

Il n'était pourtant pas au bout de ses peines. Il lui fallait maintenant, sans éveiller l'attention, trouver place sur le navire qui allait faire voile pour la France.

Comment s'y prit-il pour résoudre cet inquiétant problème, c'est ce que nous ne saurions dire; toujours est-il qu'au moment où le transport accosta au port de la Joliette, à Marseille, des matelots ne furent pas peu surpris de découvrir à fond de cale, tapi entre deux énormes coffres, à demi mort de fatigue et de faim, le pauvre Boudou, dont la mine effarée trahissait la plus vive anxiété.

— Que fais-tu là, Noiraud? interrogea rudement un des marins.

— Moi venir avec taraillors.

— Mais qui est-ce qui te l'a permis?

— Personne permettre. Moi partir sans dire.

— Ah! ah! Eh bien! mon petit moricaud, on va te mettre en prison pour t'apprendre à violer ainsi la consigne.

A cette menace, Boudou se mit à trembler de tous ses membres; non que la prison l'effrayât, mais parce que, pendant qu'il y serait enfermé, le bataillon s'en irait il ne savait où, et il ne pourrait plus le rejoindre. Il leva sur l'homme un regard si plein de supplication, que celui-ci en fut ému jusqu'au fond de l'âme.

— Es-tu connu des hommes du bataillon? lui demanda-t-il.

— Tos li taraillors connaître Boudou, et Boudou connaître tos li taraillors.

—C'est bon, nous allons voir.

On conduisit le jeune nègre au chef du détachement, qui, apitoyé par les souffrances qu'avait volontairement endurées cet enfant du désert pour ne pas être séparé de ses protecteurs, lui pardonna son escapade et, tout en lui faisant de gros yeux capables d'intimider le plus rude de ses soldats, l'autorisa à suivre le bataillon, à la condition que quelqu'un voulût bien s'occuper de lui.

Trois jours après, le détachement arrivait à la frontière des Vosges et y prenait ses cantonnements. Il n'y resta pas longtemps inactif. Dès le lendemain, avant même que fût terminée son installation, une avalanche de fer et de feu vint bouleverser les abris qu'il s'était construits pendant la nuit. Après une heure de ce bombardement, une nuée de Boches, surgissant d'une tranchée creusée au flanc du coteau voisin, se précipitèrent sur les positions occupées par les tirailleurs et engagèrent le combat avec eux.

Ah ! combien ils eussent été mieux inspirés en ne prenant pas l'initiative de cette attaque ! A la vue des casques pointus, les Marocains, frémissants de rage, bondirent hors de leurs retranchements en poussant d'étourdissantes clameurs et, baïonnette au canon, se ruèrent comme des lions déchaînés sur l'ennemi qui avait la prétention de les battre.

En moins d'une demi-heure des centaines de cadavres allemands jonchaient le sol de la vallée où venait de se dérouler cette lutte sanglante ; et les Marocains, s'emparant de la tranchée ennemie, s'y établirent solidement en attendant d'être appelés à accomplir de nouveaux exploits.

Ils achevaient leur repas du soir et se disposaient à goûter quelques heures d'un repos bien gagné, quand,

coup sur coup, trois projectiles de dimensions mons-
trueuses s'abattirent au bord de la tranchée, suivis d'une
averse d'autres projectiles de moindre calibre qui se
succédaient rapidement et avec une inquiétante préci-
sion.

La position devenait intenable ; le commandant se
demandait même si ses hommes n'allaient pas être
massacrés jusqu'au dernier, lorsque, de l'arrière, un
officier de liaison vint lui dire qu'il n'avait pas été possible de repérer les batteries ennemies qui procédaient
à ce terrifiant « arrosage » et lui transmettre l'ordre
d'envoyer, à la tombée de la nuit, quelques-uns de ses
tirailleurs pour essayer de découvrir la position exacte
de ces batteries.

Trois Marocains furent désignés pour remplir cette
périlleuse mission, et parmi eux Kemihl-Abdallah, celui de tout le bataillon qui avait pris plus spécialement
Boudou sous sa protection et s'était chargé de veiller
sur lui.

En le voyant partir, notre négrillon se glisse hors de
la tranchée et, sans en être vu, le suit à distance, de peur
d'être renvoyé, comme un bon chien fidèle dont le
maître juge la présence inutile ou dangereuse.

Tout à coup, à l'orée d'un bois, la fusillade crépite
et deux des trois tirailleurs tombent, mortellement atteints. Alors seulement Boudou s'approche de son protecteur, qui, surpris par cette attaque, s'est réfugié derrière le tronc d'un grand sapin.

— Comment! c'est toi, Boudou? Que viens-tu faire ici?

— Moi aider toi à chercher boum-boum.

— Mais, mon pauvre petit, tu vas te faire tuer!

— Non, moi tuer d'abord li Boches avec ça, répondit le jeune nègre en ramassant le fusil et la cartouchière de l'un des tirailleurs étendus à ses pieds.

Cette naïve et fière réponse de l'enfant amena sur les lèvres de Kemihl-Abdallah un sourire d'admiration émue.

— Eh bien! soit, viens avec moi et imite bien tous mes mouvements.

La nuit maintenant commençait à tomber. Le silence de la campagne, en apparence déserte, n'était troublé que par le bruissement des feuilles secouées par la brise du soir. Lentement, avec d'infinies précautions, se glissant d'arbre en arbre ou rampant sur le sol, nos deux compagnons traversèrent sans encombre le petit bois, bordé à son extrémité par un ravin peu profond qui en formait la limite naturelle. Ce ravin franchi, ils gagnèrent à travers des champs d'avoine un petit mamelon, premier repli d'une série d'ondulations dont les crêtes semblaient se superposer comme les gradins d'un vaste amphithéâtre.

Pendant trois heures ils marchèrent ainsi, prudemment, l'œil au guet, s'arrêtant de temps à autre pour écouter les bruits confus qui, par intervalles, parvenaient jusqu'à eux.

Ils venaient de gravir une hauteur boisée dont ils se préparaient à descendre l'autre versant, lorsque, brusquement, Kemihl se laissa tomber à plat ventre, obligeant d'un geste rapide Boudou à en faire autant. A leur droite, dans une sorte de cirque formé par des rochers qui entouraient quelques arbres, le tirailleur venait d'apercevoir des ombres s'agitant silencieusement autour d'énormes pièces d'artillerie dont les gueules d'acier se profilaient sur le fond du ciel.

— Boum-boum, murmura le négrillon à l'oreille du soldat.

— Oui, boum-boum, et c'est tout ce que je voulais savoir. Il ne s'agit plus maintenant que de bien retenir l'endroit et de nous en retourner au plus vite.

Avec les mêmes précautions qu'à l'aller, ils s'éloignèrent en observant attentivement la configuration du terrain et les divers points de repère pouvant leur permettre de préciser les renseignements qu'ils étaient chargés de rapporter.

Hélas ! Kemihl-Abdallah ne devait pas accomplir jusqu'au bout la mission qui lui avait été confiée. Au bas de la colline au sommet de laquelle était défilée la batterie meurtrière, il eut la jambe brisée par une balle que lui tira une sentinelle avancée, près de laquelle il était passé sans y prendre garde.

La violence du choc le fit chanceler. Il voulut néanmoins essayer de marcher ; mais, vaincu par la douleur, il dut se laisser tomber sur le sol.

VAINCU PAR LA DOULEUR, IL DUT SE LAISSER TOMBER SUR LE SOL.

Presque au même instant une seconde détonation retentit, et notre brave tirailleur eut la satisfaction de voir la sentinelle s'écrouler, frappée à mort.

C'était Boudou, qui, fidèle à sa promesse, venait de venger son protecteur.

Domptant par un suprême effort de volonté et d'énergie l'horrible souffrance que lui causait sa blessure, Kemihl entraîna l'enfant dans un creux de terrain où poussait une abondante végétation et, s'appuyant doucement sur son épaule :

— Je ne puis aller plus loin, lui dit-il ; tu vas rentrer seul à la tranchée et tu expliqueras bien au commandant ce qui s'est passé, en lui indiquant le point exact où se trouve la batterie ennemie. Va, mon petit Boudou, va vite, et ne manque pas non plus de dire au commandant l'endroit où mes deux camarades sont tombés et celui où ma patte cassée m'oblige à attendre qu'on vienne à mon secours.

— Boudou comprendre, affirma le négrillon.

Et ayant baisé pieusement la main de Kemihl, l'enfant du désert courut avec l'agilité d'une gazelle jusqu'à la tranchée occupée par les tirailleurs marocains.

Presque aussitôt, et tandis que quelques brancardiers allaient, guidés par Boudou, enterrer les deux morts et relever le blessé, une vive canonnade était dirigée de nos positions sur la batterie repérée, qui en peu d'instants fut presque complètement anéantie avec les hommes qui la servaient.

— C'est bien, ça, mon vaillant petit homme, lui dit le commandant, une fois l'opération terminée ; à dater de ce jour tu es bien réellement l'enfant du bataillon et tu comptes à l'effectif.

— Merci, ma commandant. Vive France ! cria Boudou en exécutant une audacieuse pirouette pour bien montrer sa joie de cette adoption définitive.

Puis, tranquillement, il alla reprendre sa place au milieu de ses grands frères « taraillors ».

IV

FEND-L'AIR

Les rues du village n'étaient plus qu'un monceau de ruines. A peine, de distance en distance, pouvait-on y apercevoir encore debout les murs calcinés de quelque habitation aux portes et aux volets déchiquetés par la mitraille. Les Vandales avaient passé par là ; dans leur fureur de destruction, rien n'avait été épargné, et maintenant la jolie petite bourgade, hier encore si pleine de mouvement et de vie, et dont les maisons proprettes miraient dans les flots transparents d'une paisible rivière leurs pignons blancs coiffés de toits pointus, n'était plus qu'un désert dont l'angoissante solitude eût serré le cœur le plus endurci contre l'horreur d'une telle dévastation.

Aux premiers coups de canon, tous les habitants avaient fui comme à l'approche d'un fléau, emportant avec eux tout ce qu'ils pouvaient emporter de plus précieux selon les moyens de fortune dont ils disposaient. Et lorsque, après en avoir chassé les Allemands, un bataillon de zouaves entra dans le village, il n'y trouva pas un être vivant qui pût lui raconter les atrocités et les infamies par lesquelles s'était signalée la horde des Barbares.

Seul, un pauvre chien d'aspect famélique errait dans les rues en hurlant à la mort. A la vue des premiers rangs français, il courut d'abord se cacher sous un tas de décombres; mais un zouave, un caporal nommé Jacquemin, l'ayant appelé d'un ton caressant, le chien, rassuré par cette voix amie, vint, l'air timide et la queue entre les jambes, se blottir aux pieds du soldat. Une petite tape sur la croupe et une croûte de fromage que lui jeta celui-ci lui eurent bientôt conquis le cœur de la pauvre bête, qui, désormais, s'attacha à ses pas et ne voulut plus le quitter.

Le premier soin du détachement français, après avoir pris possession du village, fut de s'y fortifier et d'en protéger les abords par une tranchée dans laquelle une compagnie s'installa aussitôt pour y attendre l'ordre de foncer sur les lignes ennemies, situées à quelque trois cents mètres de là, ou celui de s'y tenir prête à repousser toute attaque dirigée contre nous par les Allemands.

Le caporal Jacquemin avait donné au chien errant qu'il venait d'adopter le nom pittoresque de Fend-l'Air, peut-être à cause de son agilité et de la rapidité de sa course, mais plus vraisemblablement en raison de son extrême maigreur, qui lui permettait de *fendre l'air* comme avec la lame d'un couteau.

Le bon zouave appartenait à la compagnie désignée pour occuper la tranchée. Naturellement, Fend-l'Air ne manqua pas de l'y suivre, partageant avec lui ses rations et jouissant, en outre, d'un petit coin de la couverture sur laquelle s'étendait son maître au repos.

La journée et une partie de la nuit s'étaient écoulées dans le calme le plus complet, lorsque, vers une heure du matin, une pluie d'obus et de shrapnells s'abattit sur le village et sur les défenses qui venaient d'y être organisées, en même temps que de la tranchée d'en face se ruaient, avec des cris de bêtes sauvages, deux bataillons ennemis, dans le but évident de rejeter les Français hors de leurs positions et de regagner le terrain perdu.

Nos intrépides zouaves, que n'avait nullement surpris cette attaque soudaine, bondirent hors de leurs abris et, baïonnette au canon, se précipitèrent au-devant des agresseurs. Ce fut un combat épique. Malgré l'avalanche de fer et de feu qui tombait autour d'eux, menaçant de les écraser, ils allaient, insoucieux du danger et narguant la mort, bien résolus à faire payer cher à l'ennemi sa prétention de les vaincre.

Frappant d'estoc et de taille, chacun fit vaillamment son devoir. Brave entre tous, le caporal Jacquemin avait, pour sa part, déjà mis à mal une demi-douzaine de Boches, lorsqu'un éclat d'obus lui fracassa la jambe et le renversa sur le sol. Presque en même temps, une « marmite » vint éclater à quelques pas de lui, soulevant dans sa chute d'énormes paquets de terre sous lesquels, incapable de se mouvoir, il resta à moitié enseveli.

La lutte se poursuivit de plus en plus acharnée, implacable et terrible, au milieu de scènes de carnage dont les ténèbres de la nuit augmentaient encore l'horreur tragique. Mais, déconcertés par l'irrésistible élan et le choc impétueux de nos soldats d'Afrique, les Allemands durent bientôt se replier en désordre, abandonnant dans leur fuite éperdue un grand nombre des leurs, dont la plupart dormaient sur la terre glacée leur dernier et éternel sommeil.

Nos enragés « chacals » auraient bien voulu les traquer jusqu'au delà de leurs premières lignes de défenses ; mais, de l'arrière, d'importants renforts arrivaient au détachement ennemi, et ordre fut donné à nos combattants de rentrer dans leurs lignes en attendant qu'une contre-attaque pût être utilement engagée.

Ce qui importait pour le moment, c'était d'aller, à la faveur de l'obscurité, relever nos blessés restés sur le champ de bataille, et c'est ce que firent aussitôt quelques hommes de bonne volonté, en prenant toutes les précautions nécessaires pour ne pas éveiller l'attention des Boches terrés dans la tranchée voisine.

La nuit était si sombre, sans lune et sans étoiles, que les braves chargés de cette mission ne distinguèrent pas, sous la couche de terre dont il était recouvert, le corps du caporal Jacquemin, qui, épuisé par la perte du sang jailli à flots de sa blessure, s'était évanoui.

Heureusement Fend-l'Air veillait! Quand la compagnie était sortie de ses retranchements pour s'élancer au combat, le fidèle animal avait suivi le mouvement. Collé aux talons de son maître, il avait assisté à l'effroyable mêlée jusqu'au moment où, renversé par la violence de l'explosion qui avait blessé le caporal, il avait, lui aussi, disparu sous un amas de terre. Mais il avait réussi bien vite à se dégager et, après s'être énergiquement secoué, son premier soin fut d'essayer de sauver celui qui avait été si bon pour lui.

Jouant des pattes et du museau — *unguibus et rostro* — il se démena si bien que, en moins d'une demi-heure, il déterra complètement le blessé, dont il se mit à lécher les mains et le visage en poussant des petits cris plaintifs. Puis, voyant que son protecteur restait insensible à ses caresses, Fend-l'Air partit à fond de train vers la tranchée et, saisissant avec ses dents le bas de la capote de celui des hommes de la compagnie qui avait paru lui montrer le plus d'attachement après son maître, il le tira vers l'entrée du long couloir souterrain en levant vers lui des yeux pleins de supplication.

Le zouave avait déjà constaté l'absence du caporal Jacquemin; il comprit donc la prière du chien, prière muette, mais aussi expressive que les plus éloquentes paroles.

— Ah ! bon, je comprends, lui dit-il, ton maître est resté là-bas, et tu veux que j'aille le chercher. N'est-ce pas, mon vieux Fend-l'Air? Eh bien, allons, conduis-moi; je te suis.

L'intelligent animal agita frénétiquement la queue, tout en poussant de petits grognements de joie qui semblaient vouloir dire :

— Oui, oui, c'est bien ça. Viens.

Et Fend-l'Air conduisit, en effet, le zouave jusqu'à l'endroit où son protecteur était étendu, toujours privé de connaissance, à quelques pieds de l'énorme entonnoir creusé par la chute et l'explosion du terrifiant projectile.

Le soldat, un solide gaillard du Rouergue exerçant dans la vie civile la profession d'ouvrier carrier, souleva dans ses bras robustes, puis chargea sur ses épaules le corps inerte de son caporal et, moitié marchant, moitié rampant, suivant qu'il était protégé ou non par les arbres ou par quelque accident de terrain, il atteignit sans encombre l'abri où l'attendaient ses camarades.

Jacquemin, dont la bravoure pendant la première partie de l'action avait provoqué l'admiration de l'officier qui avait mené sa compagnie au combat, fut immédiatement transporté dans l'une des ambulances voisines de la ligne de feu, où l'amputation de la jambe blessée fut jugée nécessaire.

Comme, deux jours après, on allait le hisser dans le train militaire qui devait l'emporter à Paris, son colonel

IL CONDUISIT LE ZOUAVE JUSQU'A L'ENDROIT OÙ SON PROTECTEUR ÉTAIT ÉTENDU.

lui apprit que le général en chef venait de lui décerner la médaille militaire, avec promotion au grade de sergent.

Malgré son état d'épuisement et les vives souffrances qu'il éprouvait dans tout son être, Jacquemin eut la force de sourire, tandis que d'une voix faible il prononçait :

— Merci, mon colonel, et vive la France !

A ce moment, sur une de ses mains qui pendait hors de la couchette sur laquelle il reposait, il sentit le contact d'un corps humide et chaud. Il tourna légèrement la tête et eut l'heureuse surprise de voir que Fend-l'Air était là.

On lui avait dit à quelles circonstances il devait d'avoir été relevé à temps de sur le champ de bataille ; et quoiqu'il se flattât d'être un « dur à cuire », il n'avait pu contenir les larmes qui lui montaient aux yeux en apprenant la part que le fidèle animal avait prise à son salut.

— Ah ! te voilà, mon fiston, dit-il en tapotant doucement la tête de son ami à quatre pattes.

Ses grands yeux doux brillants de plaisir, Fend-l'Air poussait des aboiements joyeux, qu'il interrompait de temps à autre pour lécher la main du blessé.

— Oui, oui, tu es content, n'est-ce pas ? Et moi aussi. Ah ! je te dois une fière chandelle, mon petit, car sans toi j'étais bel et bien fricassé !

Le chirurgien-major, considérant que la présence d'un chien parmi les blessés constituait une grave irrégularité, ordonna qu'on le chassât du train et qu'on l'abandonnât sur la voie. Sans tenir compte des prières du sergent, qui, d'une voie tremblante d'émotion, suppliait que l'on fît fléchir pour une fois en sa faveur les rigueurs du règlement, cet ordre fut immédiatement exécuté. Mais cela ne faisait pas l'affaire de Fend-l'Air. A peine la portière de la voiture où gisait son maître s'était-elle refermée derrière lui, que, d'un bond, il se retrouva sur le marchepied. A diverses reprises on l'éloigna, ce fut en vain ; chaque fois que le train se remettait en marche, Fend-l'Air reprenait son poste près de la portière, en aboyant désespérément pour qu'on lui ouvrît.

Il y resta jusqu'à ce que, arrivé à une gare d'évacuation de la banlieue parisienne, le sergent fut commodément installé, avec deux ou trois autres grands blessés, dans une confortable automobile qui devait le transporter à l'ambulance américaine de Neuilly.

Fou de joie en revoyant son maître, Fend-l'Air voulut s'élancer dans ce nouveau véhicule ; il en fut empêché par le watman. Mais sa persévérance n'en fut nullement ébranlée : trottinant à côté de la voiture, il atteignit en même temps qu'elle la calme retraite où son bienfaiteur allait recouvrer la santé.

Cette fidélité obstinée, cet invincible attachement de l'humble quadrupède pour celui qui avait compati à sa détresse, devaient recevoir leur récompense. Le directeur de l'ambulance, à qui on raconta l'histoire de

Fend-l'Air, consentit à ce que l'homme et le chien ne fussent point séparés.

Et depuis lors l'un et l'autre sont, de la part du personnel de l'établissement, l'objet des soins les plus empressés. Fend-l'Air aime de plus en plus son bon maître, au chevet duquel il monte une garde vigilante, et qu'il ne quitte, pour quelques instants seulement, que deux fois par jour, sous la conduite d'une infirmière.

Les grandes dames américaines qui, dans cet asile de la souffrance et de la bonté, se vouent entièrement au soin des blessés, le comblent de tant d'attentions et de friandises, qu'on ne reconnaîtrait plus en lui la pauvre créature dont l'aspect lamentable apitoya jadis le caporal Jacquemin.

Les cartes postales qui le représentent au pied du lit de son grand ami nous le montrent, en effet, gros et gras, l'œil vif et la robe lustrée. Mais ce dont il paraît plus fier que de tout le reste, c'est, passé autour de son cou, un élégant collier, don de la Société protectrice des animaux, qui a tenu à consacrer par l'attribution de cette récompense l'intelligence et le dévouement du vaillant animal.

V

MAUVAISE TÊTE, MAIS COEUR BRAVE

C'était le fils unique du père Leharle, gros fermier dont les terres étaient situées non loin de Triaucourt, dans un des sites les plus pittoresques de la vallée de la Meuse.

L'enfant était ce qu'on appelle communément une mauvaise tête. A la maison, il faisait le désespoir de ses parents, dont ni les tendres conseils ni les sévérités n'avaient la moindre prise sur lui. Au collège du chef-lieu, où son père avait cru devoir l'envoyer dans l'espoir que ses études lui ouvriraient plus tard une riche et glorieuse carrière, il était le cauchemar de ses maîtres pour sa paresse, son esprit de révolte et son indiscipline. Ses condisciples même, qu'éloignaient son humeur despotique et ses emportements sans cause, l'évitaient comme la peste et refusaient de l'associer à leurs jeux aux heures de la récréation.

Ses défauts ne l'empêchaient pas, d'ailleurs, d'être presque toujours un des premiers de sa classe, la viva-cité de son intelligence et sa facilité à s'instruire lui permettant de s'assimiler très rapidement des connaissances dont l'acquisition exigeait de la part de ses camarades une attention soutenue et de constants efforts.

Si bien que lorsque, ses études terminées, André Leharle quitta les bancs du collège, il était suffisamment armé pour engager dans des conditions favorables le rude combat de la vie et se créer une situation qui lui eût permis de jouer un rôle utile dans la société. Mais son caractère indomptable et le sans-gêne avec lequel il s'affranchissait de ses plus élémentaires obligations le firent chasser des divers emplois auxquels son diplôme de bachelier et la considération dont jouissait son père l'avaient fait admettre.

— C'est honteux! grondait le gros fermier chaque fois que, congédié par un nouveau maître à bout de patience, André réintégrait le logis paternel... Oui, honteux! C'était bien la peine, vraiment, que je me saigne aux quatre membres pour que, après tant de sacrifices, tu sois, à dix-neuf ans, incapable de gagner le pain que tu manges! Ah! je ne sais ce qui me retient de te chasser à mon tour comme une bête inutile et malfaisante!

— Je vous épargnerai cette peine, répondit un jour le révolté à la suite d'une scène des plus violentes où la rude main du fermier exaspéré s'était abattue sur les épaules de son fils et l'avait furieusement secoué.

Et, en effet, quand, le lendemain, aux premières

lueurs du jour, la mère entra comme d'habitude dans la chambre d'André pour lui donner son baiser matinal et l'exhorter à de meilleures résolutions pour l'avenir, elle trouva la pièce vide et le lit tel qu'elle l'avait fait la veille, avec le soin qu'elle apportait en tout ce qui pouvait contribuer au bien-être de l'indocile enfant.

L'oiseau s'était envolé !

Sur une petite table, bien en évidence, une feuille de papier blanc rayée de quelques lignes d'écriture attira l'attention de la fermière. Prise d'un affreux pressentiment, elle s'en saisit et lut ce qui suit :

« Je sens bien, mes chers parents, que je suis un mauvais fils indigne de vos bontés, et qu'en restant ici, sous ce toit où vous vous êtes efforcés de me faire la vie belle et heureuse, je ne serai jamais pour vous qu'une cause de perpétuels tourments. Je m'en vais donc, bien résolu à engager par mes propres forces, et sous l'empire de la nécessité, cette lutte pour la vie que je m'accuse d'avoir si lâchement désertée jusqu'à présent, malgré tous les conseils que me prodiguait votre tendre sollicitude.

« Je ne sais encore de quel côté vont se diriger mes pas ; mais, quel que soit le rivage vers lequel me portera la tempête, je vous promets de ne demander qu'au travail les moyens d'existence que mon insigne folie et mon incurable paresse m'ont empêché de trouver près de vous. »

A la lecture de cette lettre, la pauvre mère se sentit défaillir. Quoi! était-ce possible? Son fils, son enfant chéri malgré tout, l'avait quittée, au risque de lui briser le cœur, sans crier gare, sans savoir où il allait, sans même lui dire adieu avant de partir!

Accablée par ce coup imprévu, elle alla d'un pas chancelant annoncer à son mari la fatale nouvelle.

— Bah! dit le fermier avec un calme qu'il était loin d'éprouver, ne te tourmente pas, femme, son absence ne sera pas de longue durée. Quand il aura suffisamment mangé de vache enragée, tu le verras revenir repentant et confus et, qui sait, peut-être à jamais guéri de la folie qui l'a jusqu'ici détourné de ses devoirs.

En cela l'honnête fermier se trompait.

André ne revint pas, et de longués années se passèrent sans qu'il donnât signe de vie à ses parents, qui, trompés par ce long silence, finirent par se persuader que le malheureux, incapable de se suffire à lui-même, succombant de privations et de misère, avait dû, dans un moment de désespoir, mettre fin à ses jours.

Or, ici encore, leúrs prévisions étaient loin de la réalité. Car André était toujours bien vivant.

A la suite de quelles péripéties se trouvait-il, quinze ans après sa fuite, en République Argentine, c'est ce qu'il serait trop long de raconter et qui nous éloignerait d'ailleurs trop de notre sujet. Toujours est-il qu'il y était devenu l'intendant, puis le propriétaire d'une très importante station d'élevage qu'exploitait précédemment un riche colon dont il avait épousé la fille.

Après s'être montrée longtemps rebelle à ses efforts, la Fortune avait fini par lui sourire, en faisant de lui l'un des plus notables éleveurs de la contrée. Quelque chose cependant manquait à son bonheur, l'empêchait de jouir pleinement des satisfactions que peut donner là richesse. C'était la nostalgie du pays natal, aggravée par un sentiment très vif qui le tourmentait comme un remords : celui de son ingratitude envers les auteurs de ses jours, dont il avait si injustement méconnu l'affection et dédaigné les sages conseils.

Il songeait donc à réaliser ses vastes possessions et à rentrer dans sa patrie, lorsque les journaux lui apprirent que l'Allemagne venait de déclarer la guerre à la France.

A cette nouvelle, tout ce qu'il y avait en lui de bon et de généreux, tout ce que les qualités natives de notre race peuvent inspirer de patriotisme et de dévouement se réveillèrent dans son âme.

Il était alors âgé de trente-quatre ans et parfaitement en état de servir son pays.

Sans se donner le moindre répit, il se présente à notre consulat général de Buenos-Ayres pour faire régulariser sa situation au point de vue militaire, et ayant confié à sa jeune femme le soin d'assurer pendant son absence l'exploitation de leur vaste domaine, il prend place, trois jours plus tard, à bord d'un navire en partance pour le Havre.

Le régiment auquel il fut affecté combattait à ce moment devant Charleroi avec nos amis, Anglais et Belges; il y fit vaillamment son devoir, ainsi que dans les plaines de la Marne, où sa division devait, peu de temps après, s'illustrer par son audacieuse bravoure et l'impétuosité de ses attaques. Enfin, plus tard encore, nous le retrouvons en Argonne.

Comme s'il eût eu à cœur de réparer les erreurs de sa jeunesse et de se réhabiliter à ses propres yeux des fautes dont les siens avaient tant souffert, il se montra dès les premiers jours soldat discipliné, respectueux de l'autorité de ses chefs, affable et obligeant envers ses camarades et toujours disposé à accepter les missions les plus périlleuses.

Par un de ces hasards comme la guerre en a tant révélés et qui ne sont, en somme, que le résultat de la fusion de toutes les classes de la société dans la coopération à l'œuvre commune, le capitaine de sa compagnie était précisément le fils d'un notaire dont l'étude avait compté André Leharle au nombre de ses clercs à l'époque où, nouvellement échappé du collège, celui-ci cherchait sa voie sans éprouver le moindre désir de la trouver.

Bien que quinze ans se fussent écoulés depuis lors,

l’officier le reconnut aussitôt, et le simple énoncé de son nom vint lui rappeler les jours lointains où le jeune clerc de son père s’occupait, avec une insouciance superbe, à barbouiller de ses premières élucubrations poétiques les feuilles de papier timbré destinées à recevoir la prose moins fantaisiste d’un contrat de mariage ou d’une donation entre vifs.

— Tiens ! c’est vous, Leharle ? lui dit le capitaine saisi d’étonnement, en lui tendant la main comme à une vieille connaissance que l’on retrouve après une longue séparation.

André l’avait reconnu aussi, et l’apparition de ce témoin de ses folies d’autrefois avait réveillé en lui tout un monde de souvenirs.

— Mais oui, mon capitaine, c’est bien moi. Vous ne vous attendiez pas à me rencontrer ici, n’est-ce pas ?

— Ma foi, non. Le bruit de votre mort avait couru tant de fois chez nous, que, votre absence se prolongeant indéfiniment sans que rien vînt le démentir, on avait fini par y croire. Votre mère elle-même en était tellement persuadée, la pauvre femme, qu’elle a fini par en mourir de chagrin voilà déjà quelques années.

Les lèvres d’André eurent un tremblement convulsif, et une larme jaillie de chacun de ses yeux glissa lentement sur ses joues.

— Et mon père ? s’informa-t-il d’une voix pleine d’anxiété.

— Après la mort de Mme Leharle, votre père a vendu sa ferme et s'est retiré à Bar-le-Duc. Mais pourquoi avez-vous toujours laissé vos parents sans nouvelles depuis le jour où vous avez quitté le pays?

— Hélas! c'est là encore un des traits de mon mauvais caractère. L'orgueil, un orgueil stupide, m'empêchait de leur écrire avant que je me fusse créé une situation qui fût comme la réparation de mes fautes passées et dont j'eusse le droit d'être fier. Cette situation, je l'ai enfin trouvée; et je me disposais à réaliser mon bien pour rentrer en France et faire participer les « vieux » à mon heureuse fortune, lorsque la déclaration de guerre est venue précipiter mon retour. Laissant en Argentine ma femme, que j'épousai il y a quelques mois seulement, je suis accouru, comme c'était mon devoir, pour défendre la patrie menacée.

— Oui, c'est ce que doit faire tout Français digne de ce nom, dit le capitaine d'une voix grave; et j'espère, ajouta-t-il en corrigeant d'un sourire cette gravité, que, dans l'accomplissement de ce devoir sacré, vous vous montrerez aussi bon soldat que vous fûtes jadis mauvais clerc dans l'étude de mon père.

— Comme soldat, j'ai fait jusqu'à présent et je continuerai à faire de mon mieux; je vous en donne l'assurance, mon capitaine.

Fidèle à sa parole, André Leharle fit, en effet, de son mieux, et ce mieux fut simplement héroïque.

C'était par une froide matinée de novembre, un peu après le lever du soleil. Pendant que nos batteries, soigneusement défilées au flanc d'un coteau voisin, arrosaient copieusement les positions adverses, le bataillon dont André faisait partie attendait, sac au dos et l'arme au pied, le moment précis que le commandement avait fixé pour l'attaque.

Il s'agissait de déloger les Boches d'un ravin profond à l'abri duquel ils procédaient à des formations et à des mouvements de troupes auxquels il importait de mettre obstacle.

Au signal convenu, nos hommes sautèrent par-dessus le parapet de leur tranchée et, s'élançant au pas de charge, ils eurent bien vite franchi la distance de trois à quatre cents mètres qui les séparait de la position ennemie.

Après une très vive fusillade au cours de laquelle les Allemands tombaient comme des épis de blé sous la faucille du moissonneur, un terrible corps à corps s'engagea, où nos poilus firent preuve, comme toujours, d'une bravoure dont nul danger ne pouvait contenir l'irrésistible élan.

Malheureusement, au plus fort de la mêlée, le capitaine, dont l'intrépidité calme et froide avait électrisé ses hommes, eut la poitrine traversée d'une balle.

— Je suis bien touché, dit-il à Leharle, qui combat-

IL LE PORTA JUSQU'A L'ENTRÉE D'UN DES BOYAUX.

tait à ses côtés. Prenez mes papiers, eut-il à peine la force d'ajouter, et si vous sortez sain et sauf de la bagarre, remettez-les au colonel.

— Vos papiers sont bien où ils sont, mon capitaine, répondit André. Laissez-moi seulement vous emporter avec eux hors de la fournaise; il n'est pas bon que vous restiez ici.

Parlant ainsi, il prit entre ses bras le vaillant officier et, à travers l'essaim bourdonnant des balles qui déchiraient l'air autour de lui, il le porta jusqu'à l'entrée d'un des boyaux de sa tranchée, où fonctionnait un poste d'ambulance. Puis, bravement, il alla reprendre sa place de combat près des camarades pour achever avec eux la défaite de l'ennemi.

Les galons de sergent et une citation à l'ordre de la division furent la récompense de sa belle conduite dans cette affaire.

Mais il ne devait pas s'en tenir là. La gloire a son ivresse, comme le vin; et l'homme ivre demande généralement à boire encore.

Deux mois après, vers les derniers jours de janvier, le sergent Leharle apprend que le colonel de son régiment demande quelques hommes de bonne volonté pour accomplir une mission périlleuse. Il court aussitôt lui offrir ses services.

— C'est qu'il s'agit d'une entreprise assez difficile, avertit le colonel.

— Si elle ne l'était pas, où serait le mérite?

— Eh bien! sergent, assurez-vous le concours d'une vingtaine de gaillards bien déterminés, et, la nuit venue, allez voir ce qui se passe au sommet de ce mamelon qu'on aperçoit là-bas, en face de nous. Derrière le bouquet de sapins qui couronne la hauteur, les Boches sont en train d'établir des ouvrages de défense, et il y a pour nous un sérieux intérêt à savoir quelle en est l'importance en hommes et en armements. Allez, et revenez ensuite me rendre compte de ce que vous aurez vu.

Vers huit heures du soir, sous un ciel sans lune mais piqué de myriades d'étoiles, la petite troupe se mit en mouvement en s'éparpillant un peu et dans le plus profond silence.

Arrivé à trente mètres du bouquet d'arbres, le sergent s'arrêta. Il venait de reconnaître, se profilant nettement sur le fond du ciel, les silhouettes de trois Boches dont, après un colloque de quelques secondes, deux se retirèrent, laissant le troisième en faction. C'était la relève des sentinelles.

Un plan des plus audacieux s'élabore aussitôt dans l'esprit de Leharle. Il fait transmettre de l'un à l'autre de ses hommes l'ordre de s'étendre à plat ventre et, se penchant vers un caporal qui se tenait tout près de lui :

— Regarde bien ce qui va se passer, murmure-t-il à son oreille; et quoi qu'il arrive, recommande aux camarades de ne pas bouger jusqu'à ce que je revienne leur dire ce qu'il y aura à faire.

A ces mots, l'intrépide sous-officier s'éloigne en
rampant à travers les buissons; puis, quand il n'est
plus qu'à trois ou quatre mètres du soldat en faction, il
bondit sur lui avec la souplesse et l'agilité d'un jaguar,
le saisit à la gorge dans une étreinte irrésistible et ne
le lâche que lorsque le malheureux n'est plus qu'une
loque entre ses mains.

S'emparant alors du manteau, du casque et du fusil
du Boche étendu sans vie sur le sol, tranquillement
Leharle monte la garde à sa place, non toutefois sans
réfléchir à la situation critique dans laquelle il allait se
trouver quand on viendrait pour le relever de faction.

— Bah! se dit-il, j'ai encore près de deux heures
devant moi; d'ici là les circonstances m'inspireront.

Pendant ce temps, non loin de là, derrière les sapins,
les Allemands étaient activement occupés à creuser une
tranchée dont les travaux devaient être déjà bien avan-
cés, car en s'approchant avec les plus grandes précautions, des hommes employés à cette besogne Leharle
ne put voir que les têtes, émergeant au-dessus des
terrassements.

Une heure, en effet, ne s'était pas écoulée que, leur
dernier coup de pelle donné et le feldwebel qui les
commandait s'étant assuré que la sentinelle était bien à
son poste, les Boches se retirèrent.

Les circonstances favorisaient décidément notre audacieux sergent.

En les voyant partir, il se dépouille à la hâte du casque

et du manteau empruntés à sa victime, et vivement il court appeler les camarades qui, restés en arrière, bien dissimulés derrière les buissons, attendent avec impatience le moment d'agir.

— Oust! mes amis, leur dit-il, la place est libre, il s'agit de la reprendre.

Et, suivi de ses vingt poilus, il se précipite au pas de course vers la tranchée fraîchement construite.

Ils y étaient installés depuis quelques minutes seulement, l'œil aux aguets, les fusils prêts à cracher la m ort, quand un détachement ennemi que, malgré l'obscurité de la nuit, Leharle put évaluer à une centaine d'hommes environ, se montra à quelque distance, gravissant l'autre pente du mamelon, l'arme sur l'épaule, comme des soldats qui se croient à l'abri de toute surprise.

Quand ils ne furent plus qu'à une cinquantaine de mètres :

— Allez-y et tapez tous ensemble dans le tas. Joue! feu! cria Leharle à ses hommes.

Un feu de salve bien dirigé renverse les premiers rangs de la troupe ennemie. D'abord déconcertés par cette attaque imprévue, les Boches se ressaisissent et ripostent, au moment même où une deuxième décharge aussi nourrie que la première vient faire de nouveaux vides parmi eux. Ceux qu'a épargnés la mitraille tentent alors de s'élancer sur leurs agresseurs; mais sans leur laisser le temps d'arriver jusqu'à eux, nos vaillants poilus bondissent hors de leur abri et, jouant de la baïonnette avec un entrain endiablé, en transpercent un grand nombre et obligent les autres à se rendre.

Comme, tout fiers de ce beau succès, nos hommes se disposaient à emmener leurs prisonniers, une de nos compagnies survint pour prêter main-forte au petit détachement, sur le sort duquel le bruit de la fusillade avait inspiré au colonel les plus vives inquiétudes.

— Vous arrivez juste à point, dit Leharle au commandant de cette compagnie; voici une tranchée toute prête à vous recevoir; les aimables Boches que vous voyez là comptaient bien s'y établir eux-mêmes, mais nous avons réussi à les en dissuader, et maintenant ils ne demandent pas mieux que de l'abandonner pour venir goûter à notre rata.

Un éclat de rire accueillit cette boutade, que Leharle avait prononcée du ton le plus sérieux.

Et pendant que les nouveaux venus prenaient possession de la tranchée conquise, le sergent et sa petite troupe, encadrant les prisonniers, reprenaient, le cœur joyeux, le chemin de nos lignes.

— Voilà qui peut s'appeler de belle et bonne besogne! disait quelques instants plus tard le colonel en serrant les mains du sergent Leharle, qui lui rendait compte de sa mission. — Que désirez-vous, mon ami, comme récompense?

— Mon colonel, je voudrais une permission de quelques jours pour aller à Bar-le-Duc voir mon père, que j'ai beaucoup négligé depuis... depuis trop longtemps.

— C'est accordé. Mais votre belle conduite vaut mieux que cela. Nous en reparlerons. En attendant, je vous autorise à partir quand il vous plaira.

Dès le lendemain, le père Leharle avait la joie indicible de retrouver son fils. Non pas celui d'autrefois, qu'il croyait perdu, mais un fils purifié au creuset des épreuves et de la souffrance, régénéré par le travail, ennobli par le sacrifice de son dévouement à la patrie.

Et quand, la semaine écoulée, notre héros s'arracha aux bras de son père pour courir à de nouveaux dangers, il eut la satisfaction d'apprendre de la bouche du colonel qu'une magnifique citation à l'ordre de l'armée et le grade de sous-lieutenant étaient la récompense de son dernier exploit.

VI

SŒUR GABRIELLE

Avant que se déchaînât l'effroyable cataclysme dont le monde entier est aujourd'hui bouleversé jusque dans ses fondements, le touriste que le hasard, la fantaisie ou les affaires amenaient dans la charmante et pittoresque petite ville de Clermont-en-Argonne, ne manquait pas de gravir la haute colline aux pentes de laquelle elle s'accroche et de grimper jusqu'à son sommet, où se dresse, telle une sentinelle vigilante, l'observatoire de Sainte-Anne.

Il savait, par la lecture des cartes de la région ou par les indications des guides du tourisme, que, de ce point élevé, le regard pouvait, par-dessus la plantureuse vallée de l'Aire, s'étendre sur un des plus magnifiques panoramas qu'il soit donné à l'homme de contempler.

Entre la route de Varenne, tracée en pleine forêt de l'Argonne, et la voix ferrée qui aligne son double ruban d'acier de Sainte-Menehould à Verdun, c'était, en effet, une succession de sites enchanteurs où la vue aimait à se reposer. Ici, de larges prairies émaillées de fleurs

où, parmi des troupeaux de vaches indolentes, gambadaient librement de jeunes poulains au sabot vierge
encore du fer qui devait bientôt les asservir; là, des
vergers pleins de fruits que le soleil, ce peintre de la
nature, colorait des teintes les plus chaudes de sa palette ; çà et là, dans la plaine ou au flanc des coteaux,
la tache vert sombre d'un bosquet dont le chant des
oiseaux troublait seul la mystérieuse solitude ; le tout
sillonné par les méandres capricieux de la rivière d'Aire
et par de nombreux ruisseaux dont les eaux limpides,
se glissant furtivement entre les hautes herbes, entretenaient en ces lieux l'abondance et la fraîcheur.

Et quand sa curiosité de touriste était satisfaite, quand
il avait bien cédé à ce besoin qu'éprouve l'âme humaine
de planer sur de vastes horizons, le promeneur jetait,
avant de la quitter, un dernier regard sur la ville, qui,
du pied de la colline, déployait l'amphithéâtre de ses
élégantes constructions bourgeoises, harmonieusement
groupées autour de sa vieille église romane aux magnifiques vitraux.

Tel était le tableau que présentaient avant la guerre
la jolie petite ville de Clermont et ses alentours.

Que reste-t-il aujourd'hui de ce délicieux paysage
meusien?

Des ruines, hélas! Rien que des ruines, que deux
printemps et deux étés ont déjà recouvertes d'une
luxuriante végétation de plantes amies des lieux tragiques et des pierres écroulées.

De sorte que le touriste d'autrefois qu'y ramènerait aujourd'hui le souvenir des belles choses vues, pourrait se croire subitement transporté dans quelque Pompéï ou quelque Herculanum, si le grondement incessant du canon ne venait lui rappeler le grand drame qui se déroule non loin de là sans interruption depuis la ruée allemande des premiers jours d'août 1914.

De toute la ville, où régnait jadis l'abondance dans l'animation joyeuse d'une cité heureuse et prospère, il ne reste maintenant que quelques rares maisons. Et si, parmi ces habitations sorties indemnes de l'horrible fournaise, l'hospice communal est encore debout, c'est grâce au dévouement sublime d'une humble sœur de Saint-Vincent-de-Paul, Mlle Rosnet, en religion sœur Gabrielle, dont le courage, la fermeté et l'énergie réussirent à le préserver de la destruction, avec tous les malheureux qu'abritait son toit hospitalier.

Aidée de trois autres religieuses de son ordre, elle soignait, dans cet asile de la souffrance, quarante-deux vieillards infirmes des deux sexes auxquels, dans les derniers jours d'août, étaient venus s'ajouter un certain nombre de nos soldats blessés au cours des combats livrés pour soutenir la retraite de nos armées après la bataille de Charleroi.

Effrayés par le défilé continu des populations ardennaises qui, depuis huit jours, fuyaient devant l'invasion des Barbares et passaient dans les rues de Clermont en longues et lamentables théories, les habitants de la petite ville jugèrent prudent de prendre la fuite à leur tour, d'autant plus qu'ils y étaient formellement invités par l'autorité militaire, soucieuse d'épargner aux civils les horreurs d'un contact avec les hordes sauvages de la blonde Germanie.

En deux jours, le 2 et le 3 septembre, la bourgade se vida complètement. Les soldats français, retenus à l'hospice par leurs blessures, furent tous évacués et, au moyen d'ambulances automobilés, transportés en lieu sûr. Quant aux vieillards, hôtes habituels de l'établissement charitable et pour la plupart desquels leur état rendait d'ailleurs tout déplacement difficile, ils restèrent à Clermont, sous la protection de Sœur Gabrielle et de ses trois aides, Marie Challier, Louise Fayard et Jeanne Lefèvre, dont les noms, hier encore obscurs et enfouis dans la morne solitude des cloîtres, vivront désormais auréolés de la gloire la plus pure dans les annales de la charité héroïque.

Les épreuves de ces femmes admirables et du misérable troupeau confié à leurs soins allaient commencer, douloureuses, terrifiantes, cruelles.

Vers midi, tandis que se déroulaient les sanglantes péripéties de la bataille d'Aubreville, les obus allemands tombèrent par centaines avec un fracas de tonnerre sur la malheureuse petite cité, défonçant les toitures de quelques paisibles demeures et crevant les conduites d'eau d'alimentation.

En toute hâte, mais dans le plus grand ordre, Sœur

Gabrielle, robuste enfant de l'Auvergne, fit descendre
ses pensionnaires dans la cave, soutenant ceux qui
pouvaient encore marcher et portant avec ses trois
compagnes, sur les matelas de leurs lits, ceux que leurs
jambes ne pouvaient plus soutenir. Le chemin à faire
pour se rendre à la cave était long, les couloirs et les
escaliers qui y conduisaient assez étroits, et il fallut à
ces pieuses femmes une volonté forte, une indomptable
énergie pour mener à bien le transport et l'installation
de ces débris d'humanité dont leur inépuisable charité
s'efforçait d'adoucir la détresse.

Pendant ce temps, un ouragan de fer et de feu se-
couait toute la ville, et quelques-uns des lourds projectiles tombaient dans le verger du couvent, ébranlant
les murs de l'abri humide et sombre où gémissaient les
vieillards frappés d'épouvante.

Vers sept heures, le canon cessa de gronder.

Encouragés par cette accalmie, qu'ils espéraient devoir être de longue durée, les hommes regagnèrent péniblement leurs dortoirs; mais les femmes, moins
hardies, moins promptes à se rassurer, s'obstinèrent à
ne pas s'éloigner de la galerie souterraine, où, pen-
saient-elles, les obus ne pouvaient les atteindre.

Sœur Gabrielle enveloppa dans des couvertures
leurs membres débiles et resta près d'elles avec ses
trois compagnes. Elles essayaient d'oublier dans un
sommeil réparateur le redoublement de misère que
leur infligeaient les circonstances, lorsque, vers deux

heures du matin, un coup violent frappé à la porte extérieure de l'hospice retentit dans le silence de la nuit, répercuté en terrifiants échos jusque dans les dernières profondeurs de l'établissement. C'étaient les Boches qui annonçaient ainsi leur présence.

Presque aussitôt un second coup faisait voler la porte en éclats, et trois officiers allemands se précipitaient, revolver au poing, dans cet asile de la charité au moment même où Sœur Gabrielle accourait pour se rendre compte des causes de ce vacarme.

— Vous êtes ici, leur dit-elle avec un calme parfait mais d'un ton plein de fermeté, dans un lieu que les lois internationales et les droits de l'humanité devraient protéger contre les inutiles cruautés de la guerre impie que vous faites à notre pays.

L'un d'eux, gros et lourd commandant à l'arcade sourcilière enchâssée d'un monocle d'or, s'exprimait assez correctement dans notre langue, qu'il avait apprise avant la guerre dans une maison d'exportation de la rue du Sentier. Il toisa d'un regard impertinent la femme qui lui tenait un langage si fier, et faisant un pas vers elle :

— Dispensez-nous de vos réflexions, dit-il avec un ricanement de brute qui se croit tout permis parce qu'il est le plus fort. Cet hôpital ne vous appartient plus; il appartient par droit de conquête à la très puissante Allemagne, que je m'honore de servir.

— Oui, il vous appartient pour le moment, puisque

vous le prenez, répliqua la religieuse, les yeux fixés sur
ceux de son interlocuteur; mais Dieu ne permettra pas...

— Ah! en voilà assez! fit le reître d'une voix ton-
nante en appuyant sur la tempe de Sœur Gabrielle le
canon de son revolver. Dites-moi plutôt si vous avez
ici des soldats blessés.

— Les derniers ont été évacués hier, répondit la vaillante fille, sans que son visage trahît la moindre frayeur
devant la menace brutale dont elle était l'objet. Il ne
nous reste plus qu'une quarantaine de vieillards des
deux sexes, commensaux habituels de cette maison;
il y a donc de la place, et vous pouvez nous confier vos
propres blessés; nous les soignerons en faisant des
vœux pour que, chez vous, on traite aussi bien les
nôtres.

Le Boche laissa retomber celui de ses bras qui tenait
le revolver braqué sur l'inoffensive créature.

— C'est entendu, acquiesça-t-il; beaucoup de nos
hommes sont tombés dans les derniers combats, on va
vous en amener assez pour occuper du matin au soir
votre zèle charitable. Nous comptons sur vous pour
leur donner tous les soins nécessaires.

— Nous sommes, mes compagnes et moi, toutes
prêtes à les recevoir.

— Votre intérêt vous le commande.

— J'ignore, Monsieur, si notre intérêt nous le commande; je sais seulement que la charité nous en fait un
devoir.

— Bien, bien, répondit l'officier au monocle d'or, impressionné, malgré son arrogance superbe, par l'attitude noble et fière de l'humble fille de Dieu. C'est bien; mais, en attendant, je veux voir le bourgmestre de la localité.

— Le maire, voulez-vous dire? Vous ne le trouverez pas ; il est parti.

— Parti? C'est, apparemment, qu'il a eu moins de courage que vous. Eh bien! à défaut du bourgmestre, je verrai donc le pasteur.

— Parti aussi.

— Comment! Tous partis? Nous ne sommes pourtant pas des sauvages avec lesquels il n'y a pas à discuter!

— Peut-être vos troupes n'ont-elles pas fait tout ce qu'elles auraient dû pour dissiper cette prévention, car vous avez été précédés ici par une réputation de férocité qui vous fait abhorrer de tous.

— Mensonges que tout cela! Nos soldats sont aussi humains que les vôtres. Et quant à nos civils, ils n'auraient certainement pas, dans des circonstances semblables, la lâcheté de déserter leur poste, comme votre bourgmestre et votre pasteur.

— Il n'y a pas eu de leur part la moindre lâcheté. Ces messieurs, comme tous les autres habitants de Clermont, ne se sont retirés, au dernier moment, que sur un ordre écrit et formel de l'autorité militaire.

— Qui donc, en leur absence, administre la ville?

EN VOILA ASSEZ! FIT LE REITRE EN BRAQUANT SON REVOLVER SUR SŒUR GABRIELLE.

LES MIETTES DE LA GLOIRE.

12

— J'ai fait de mon mieux pour cela, et, grâce à Dieu, j'ai pu mettre un peu d'ordre dans le désordre bien compréhensible de la cité.

— Vous êtes une brave femme; nous allons, mes deux camarades et moi, nous installer ici, mais nous respecterons votre maison et tous ceux qui l'habitent.

— Je prends acte de cette promesse et je vous en remercie pour mes pauvres malades, répondit simplement Sœur Gabrielle.

Tandis qu'au seuil de l'établissement charitable avait lieu ce colloque, près de 45.000 Boches occupaient la ville conquise, criant, hurlant, se livrant à des orgies sans nom, alimentées par les razzias de vin et d'alcool opérées par les bandits du kaiser dans les caves des localités où ils avaient passé. C'était, dans toutes les rues de Clermont, un grouillement de ruffians avinés dont la vue seule eût soulevé le cœur d'indignation et de dégoût.

Le lendemain matin, vers neuf heures, des bombes incendiaires lancées par les Allemands mirent le feu à quelques édifices de la ville; et comme les conduites d'eau avaient été crevées par les obus, les flammes, activées par un vent violent du Nord-Est, se répandirent rapidement de maison en maison, sans que les envahisseurs fissent la moindre tentative en vue de limiter les ravages du sinistre fléau. Quelques heures plus tard, Clermont n'était plus qu'une immense fournaise dont le foyer, s'élargissant de plus en plus, chassait autour de lui ceux qui l'avaient allumé.

Les bâtiments de la gendarmerie, qui s'élevaient dans le voisinage immédiat de l'hôpital, furent atteints à leur tour, au grand émoi des trois religieuses et de leurs pensionnaires, qui, du fond de leur retraite, entendaient très distinctement le crépitement des flammes et en sentaient déjà la chaleur menaçante.

Prise d'angoisse pour ses malades, Sœur Gabrielle se rendit sur-le-champ auprès de l'officier avec qui elle s'était entretenue la veille, le suppliant de donner d'urgence à ses hommes l'ordre de protéger l'établissement contre les progrès de l'incendie, ou tout au moins de transporter en lieu sûr les vieillards qui y étaient hospitalisés.

— Ce serait, dit-elle, faire montre de la plus odieuse barbarie que de laisser ces malheureux exposés à être brûlés vifs dans leurs lits.

— C'est bien, répondit le commandant, on essaiera de sauver vos bâtiments. La direction du vent est d'ailleurs favorable, puisque les flammes sont chassées maintenant de l'autre côté. Vous pouvez donc vous rassurer; dans quelques instants, je m'occuperai de cette affaire.

— Dans quelques instants! Je crains, Monsieur, qu'il ne soit déjà trop tard et que le feu n'ait commencé ici son œuvre de destruction. Venez voir.

Belle d'audace, s'affranchissant pour un moment de la réserve habituelle à son sexe et à son caractère religieux, elle saisit par le bras le gros officier au binocle d'or, et l'entraînant jusqu'au grenier, elle lui fit toucher du doigt les poutres et les boiseries des fenêtres faisant face à la gendarmerie.

Une vive sensation de brûlure arracha au Boche un juron qui, prononcé en langue allemande, ne fut heureusement pas compris par la sainte fille.

— Oui, oui, en effet, dit-il en passant plusieurs fois sa langue sur la paume de sa main brûlée; je vois qu'il est temps d'agir. Je vais commander une équipe de vingt hommes pour veiller à ce que le feu ne s'étende pas jusqu'ici.

— Puis-je y compter, Monsieur?

— C'est promis, et un officier allemand n'a qu'une parole. Ah! si la promesse venait d'un officier français...

— Si elle venait d'un officier français, Monsieur, je n'éprouverais plus la moindre incertitude, répliqua fièrement Sœur Gabrielle; car sa parole aurait à mes yeux la valeur d'un engagement écrit qui serait, croyez-le bien, autre chose qu'un simple *chiffon de papier*.

Le gros Teuton lança à l'intrépide créature un regard courroucé, roula entre ses dents toute une cascade de mots inintelligibles, puis tournant brusquement le dos à la religieuse, il descendit.

Dix minutes plus tard, une vingtaine de sapeurs bavarois conduits par un feldwebel arrivèrent au pas de course, porteurs de pics, de haches et de pioches, et se mirent en devoir d'abattre celui des murs de la gendarmerie qui menaçait de s'effondrer sur l'hospice et d'y propager l'incendie.

L'hôpital et ses hôtes étaient sauvés. Mais pendant la nuit le feu continua autour d'eux ses ravages; et lorsque le soleil du lendemain se leva, ce fut pour éclairer des pans de murs calcinés se dressant, lamentables, sur des monceaux de ruines fumantes.

Huit jours après, les Boches étaient mis en déroute et les Français rentraient, victorieux, dans la ville reconquise.

Une citation à l'ordre du jour et la croix de la Légion d'honneur sont venues récompenser le courage et le dévouement dont Sœur Gabrièlle donna, dans ces circonstances tragiques, un si éclatant exemple.

A une noble dame qui la félicitait d'une distinction si bien méritée :

— Cette récompense était inutile, répondit-elle; j'en trouvai une bien plus chère à mon cœur le jour où Dieu me fit la grâce d'arracher à une mort affreuse les malheureuses créatures confiées à mes soins.

VII

SOLANGE,
OU LA PETITE TÉLÉPHONISTE

— Dix hommes de bonne volonté pour une reconnaissance en plein bois ! cria, de l'entrée de la tranchée, le commandant de la compagnie.

A cet appel, les poilus de la 16ᵉ, qui depuis trois jours rongeaient leur frein dans la fièvre de l'attente, s'approchèrent tous de leur chef et, levant la main en signe d'acquiescement :

— Moi ! moi ! moi ! dirent-ils avec un ensemble parfait.

— Il n'est besoin que de dix hommes et d'un sergent.

— Moi ! moi ! répétèrent-ils à l'envi, en se bousculant pour être plus près du capitaine, et par conséquent plus à portée de son choix.

— Puisque je ne puis vous accepter tous, dit alors l'officier embarrassé, nous allons prendre, parmi les non mariés, les dix premiers par ordre alphabétique.

Faute de pouvoir contenter tout le monde, il fallut bien se rallier à cette solution ; et les dix hommes désignés s'étant préparés à la hâte pour cette petite expédition, ils sortirent de la tranchée précédés par un sergent.

Après une demi-heure de marche à travers des champs d'avoine bouleversés par la chute incessante de milliers de projectiles, la patrouille atteignit sans incidents la lisière d'un terrain boisé où avaient été signalés des mouvements suspects, et qu'il s'agissait de reconnaître en poussant une pointe jusqu'à la ferme dite de l'*Oseraie.*

Se glissant d'arbre en arbre, ils explorèrent avec soin les parties les plus épaisses du bois sans que rien vînt trahir la présence des Boches; mais ce n'était là qu'une sécurité trompeuse. Tout à coup, comme ils abordaient une sorte de vaste pelouse semée de fin gazon, une détonation retentit et une balle passa en sifflant à deux pouces de l'oreille du sergent.

— Raté! ricana le sous-officier en faisant de la main le geste de chasser une mouche importune. Je commençais à trouver notre promenade un peu monotone; mais cette fois je crois que nous allons avoir de l'agrément. En avant, les amis!

Et, leur sergent en tête, nos intrépides poilus s'élancèrent dans la clairière.

Ils y furent accueillis par un feu de salve parti de l'autre extrémité du terrain découvert, où une trentaine d'Allemands se tenaient en embuscade.

Sans se laisser déconcerter par l'inopportune fusillade, nos hommes se ruèrent baïonnette en avant sur les Boches, et du premier choc firent mordre la poussière à bon nombre d'entre eux.

— Kamarades ! Kamarades ! crièrent les autres en jetant leurs fusils devant eux et levant les bras en l'air pour bien manifester leur intention de se rendre.

Mais au moment où les Français, trop confiants, se baissaient pour ramasser les armes ennemies éparpillées sur le sol, les Teutons, s'écartant brusquement à droite et à gauche, démasquèrent deux mitrailleuses braquées derrière eux et dont les projectiles mirent hors de combat quatre de nos vaillants troupiers.

Transportés de rage, ceux que la mitraille avait épargnés se ruèrent avec furie sur les Allemands et, les uns à coups de feu tirés presque à bout portant, les autres à la pointe de la baïonnette ou se servant de la crosse de leur fusil comme d'une massue, ils anéantirent en quelques secondes et jusqu'au dernier homme le détachement ennemi.

Aucun de nos héroïques défenseurs n'avait reçu de blessures graves. Le sergent leur fit sur place un pansement sommaire et, ensemble, ils poursuivirent la reconnaissance commandée.

Comme, encore tout frémissants de l'ardeur du combat, ils allaient surgir de l'ombre des futaies, ils virent venir délibérément à eux un grand escogriffe portant l'uniforme bleu horizon de nos fantassins.

La surprise que causa au sergent cette soudaine apparition ne l'empêcha pas de constater d'un seul coup d'œil que l'homme était complètement désarmé et que le col de sa capote était marqué du numéro d'un régiment qui, à sa connaissance, ne devait pas se trouver dans ces parages.

— D'où sors-tu donc? lui demanda-t-il, et d'où vient que tu te balades par ici, les mains dans les poches, comme un honnête *proprio* visitant ses terres?

— C'est bien simple : dans un engagement entre une patrouille boche et une des nôtres, là-bas, du côté de Somme-Py, nous avons failli être enveloppés. Quelques-uns de mes camarades sont tombés; d'autres, dont j'étais, ont été pris. Mais n'ayant pas envie d'aller moisir dans un de leurs sales camps de prisonniers, j'ai, sous un prétexte que vous devinez, demandé à un feldwebel (comme ils appellent ces gradés) la permission de m'éloigner un peu, et j'en ai profité pour leur brûler la politesse. Voilà quarante-huit heures que j'erre à travers la campagne, cherchant le moyen de rallier mon bataillon. Je crève de faim, et au moment où je vous ai vus approcher j'allais, pour essayer d'avoir quelque chose à manger, piquer droit vers la ferme que l'on aperçoit d'ici, derrière cette rangée de grands peupliers.

Ces déclarations, faites avec une assurance imperturbable et du ton le plus naturel, parurent dissiper les soupçons que la présence insolite du soldat vagabond avait inspirés à l'honnête sergent.

— Eh bien, lui dit-il, c'est justement à cette ferme que nous allons. Viens-y avec nous; ce serait bien le diable si tu n'y trouvais pas de quoi apaiser ta fringale!

Grossie de cette recrue errante, la petite troupe se dirigea vers un grand bâtiment dont le toit de tuiles rouges, encore humide d'une ondée matinale, se détachait sur le fond brumeux de l'atmosphère.

Ils n'en étaient plus qu'à quelques pas, quand une femme entre deux âges et d'apparence robuste se montra sur le seuil de la rustique demeure, un de ses bras tendrement passé autour du cou d'une charmante fillette d'une dizaine d'années.

— Hé! la mère! cria le sergent, peut-on entrer chez vous? Voici un camarade dont l'estomac crie famine et qui voudrait... en payant, bien entendu, avoir quelque chose à se mettre sous la dent.

— Si on peut entrer? Je pense bien! répondit la fermière avec un sourire des plus accueillants. Faudrait bien voir que la ferme de l'Oseraie ne fût pas hospitalière à de braves poilus tels que vous!

Elle s'effaça avec son enfant pour les laisser passer, et entrant après eux, elle se mit à leur préparer des rafraîchissements.

Tandis qu'elle alignait sur la table une douzaine de verres et un grand pichet de cidre, elle remarqua que quelques-uns de ces hommes traînaient la jambe ou avaient un bras en écharpe.

— Hé, là! mon Dieu! s'apitoya-t-elle, vous voilà bien arrangés, mes pauvres gars!

— Bah! ce n'est rien que ça, la petite mère, répondit un gros réjoui qui, pour marcher, s'appuyait sur la crosse de son fusil en guise de béquille.

— Et où vous a-t-on mis dans cet état?

— Là, dans le bois, à deux kilomètres d'ici; vous devez avoir entendu la fusillade.

— Oh! cette guerre, cette maudite guerre, quand donc finira-t-elle! soupira la brave fermière.

— Vous y avez quelqu'un des vôtres?

— Oui, certes! j'y ai mon homme et mes deux fils, partis dès les premiers jours de la mobilisation et exposés, comme vous, à recevoir à tout instant le coup de la mort ou à revenir éclopés pour le restant de leur vie. Et maintenant me voilà seule ici pour avoir soin de la ferme avec ma petite Solange, que vous voyez là, et Jeannot l'innocent, un pauvre orphelin de quinze ans à moitié idiot que nous avons recueilli par charité. C'est bien dur, allez; mais, grâce à Dieu, on s'en tire tout de même.

Elle jeta une brassée de bois dans l'âtre pour activer la cuisson d'une soupe aux choux dont le fumet appétissant emplissait toute la pièce.

— Voyons, interrogea-t-elle avec un bon sourire, quel est celui d'entre vous que vous dites si affamé?

— C'est ce grand frisé-là, répondit le sergent, désignant ainsi par antiphrase le soldat égaré, dont les cheveux, d'un blond fade, s'aplatissaient sur son front et sur ses tempes.

— Ça ne pouvait pas mieux tomber, dit la fermière; dans un instant la soupe va être cuite, il pourra s'en régaler à bouche-que-veux-tu. Et si le cœur vous en dit, mes amis, vous savez, ne vous gênez pas; la marmite est grande, il y en aura facilement pour tous.

— Oh! pour ce qui est de nous, ne vous tourmentez pas, la mère; nous avons cassé la croûte avant de partir. Merci bien tout de même, et à une autre fois, si l'occasion se présente.

A ce moment, le roulement d'un fourgon automobile se fit entendre à l'extérieur, et presque aussitôt un jeune lieutenant d'artillerie parut sur le seuil de la porte.

— Tiens! s'exclama-t-il, de la troupe? Que faites-vous ici, mes braves?

Le sergent s'avança, fit le salut militaire, et en quelques mots mit l'officier au courant de ce qui s'était passé.

— Ah! dit-il en terminant son récit, ils ont légèrement endommagé quatre de mes hommes, mais il n'est pas resté un seul d'entre eux qui puisse aller le raconter à sa famille. En deux temps et trois mouvements, nous leur avons fait passer à tous le goût du tabac.

— C'est très bien travaillé, mes amis. Mais j'ai des

raisons de croire qu'il serait imprudent de trop vous attarder ici ; et puisque vous ne devez pas pousser plus loin votre reconnaissance, je vais vous ramener dans mon fourgon jusqu'aux abords de vos tranchées. Préparez-vous à partir.

S'approchant ensuite de la fermière, tranquillement occupée à ranger du linge dans une armoire :

— Madame, lui dit-il, à voix basse et en l'attirant un peu à l'écart, d'après les renseignements qui viennent de nous être transmis, un état-major allemand se dispose à occuper votre ferme.

— Ah! ben, nous voilà dans de beaux draps ! gémit la brave femme en joignant les mains d'un air consterné. Mais alors il faut que je me sauve bien vite avec ma Solange et l'innocent.

— Je crois, au contraire, qu'il vaut mieux que vous restiez. Ils respecteront votre vie et celle de votre enfant, tandis que votre absence pourrait les irriter et les amener à commettre ici toutes sortes de méfaits. Au surplus, en restant vous serez à même de nous rendre un service dont le commandement vous sera très reconnaissant.

— Un service ? Je ne demande pas mieux, mais lequel ?

— J'ai laissé, en passant, deux de mes hommes dans votre grange pour y installer un téléphone. Guettez l'approche des Allemands et, dès que vous les verrez venir, hâtez-vous de nous en aviser...

Vous savez vous servir du téléphone, je suppose?

— Vous m'excuserez, monsieur l'officier, je n'en ai jamais vu de ma vie.

— Eh bien ! venez avec moi, je vous montrerai; c'est l'affaire d'une minute, dit le lieutenant sans se douter que, tout en avalant avec une voracité plus apparente que réelle la soupe que la fermière lui avait servie, le « grand frisé » lançait de leur côté des regards sournois et tendait avidement l'oreille, comme si cet entretien eût été pour lui de la plus haute importance.

Mais si l'officier n'avait rien remarqué d'équivoque dans l'attitude du personnage, il n'en était pas de même de Solange; avertie par une sorte d'instinct mystérieux qui est souvent l'apanage de l'enfance, elle s'était mise à épier les moindres mouvements de cet homme ; sa mine hypocrite, ses yeux clignotants, sa démarche cauteleuse avaient mis en éveil la précoce perspicacité de la fillette, et les efforts qu'il faisait en ce moment pour surprendre le sens des paroles échangées à quelques pas de lui, ne pouvaient que la confirmer dans ses soupçons.

Bien à contre-cœur, car elle aurait préféré ne pas le perdre de vue, elle suivit l'officier et la fermière dans la grange où les deux hommes chargés de ce soin venaient de terminer l'installation très rudimentaire d'un téléphone de campagne.

Quelques brèves explications suffirent à initier la

brave femme aux secrets de cette merveilleuse et si utile invention.

— Vous voyez, conclut le lieutenant, ce n'est pas plus difficile que ça, et je suis sûr que votre fillette elle-même saurait maintenant s'en servir aussi bien que vous. N'est-ce pas, mignonne?

— Oh! oui, monsieur l'officier, répondit l'enfant, bien pénétrée de la démonstration qu'on venait de faire devant elle.

— Ainsi donc, c'est entendu, à leur première apparition ne manquez pas de nous les signaler par ces simples mots : « *Ils sont à l'Oseraie* », en indiquant leur nombre si c'est possible.

— Entendu, monsieur l'officier; vous pouvez compter sur moi.

— J'y compte. Au revoir et merci.

Pendant ce temps, le sergent avait rassemblé ses hommes pour le départ.

— Quant à toi, dit-il au « grand frisé », je t'engage, maintenant que tu es bien lesté, à déguerpir d'ici au plus vite et à rappliquer dare-dare au bataillon; autrement tu cours le risque, ou d'être pris par les Boches comme un rat dans une ratière, ou de te voir porter déserteur et puni comme tel.

— Soyez tranquille, sergent, je saurai bien me tirer d'affaire, répondit l'homme d'un ton ambigu.

— Eh bien! bonne chance, mon vieux. Nous filons.

Deux minutes plus tard le fourgon démarrait,

SOLANGE ÉPIAIT LES MOINDRES MOUVEMENTS DE CET HOMME.

emportant le lieutenant et les hommes du détachement en reconnaissance.

De la barrière à claire-voie bordant la propriété, la fermière et sa fille avaient assisté à ce départ, se demandant pourquoi celui que le sergent appelait « le grand frisé » n'avait pas suivi ses camarades; et elles traversaient la cour pour aller voir ce qu'il faisait, quand Solange tira vivement sa mère par le bras.

— Oh! maman, dit-elle, le voilà qui sort de la grange.

La fermière courut à lui.

— Qu'alliez-vous faire là? cria-t-elle d'un ton courroucé.

— Voir vos vaches... Belles bêtes, ma foi! j'en ai rarement vu qui fussent aussi bien en point.

— En quoi mes vaches peuvent-elles vous intéresser? Vous feriez bien mieux de chercher à rejoindre votre régiment.

— Ne vous occupez pas de ça, ma bonne dame; je suis assez grand pour savoir ce que j'ai à faire.

— C'est possible, mais je n'aime pas que l'on se promène comme ça dans les dépendances de ma ferme.

— Allons, allons, ne vous fâchez pas, la patronne, et pour reconnaître le service que vous m'avez rendu en m'offrant une bonne assiettée de soupe, je téléphonerai pour vous quand les Allemands arriveront;

car, malgré la leçon que vous a donnée le lieutenant, vous pourriez ne pas savoir manier l'appareil.

La fermière eut un sursaut.

— Comment savez-vous?... dit-elle.

— On a des yeux pour voir et des oreilles pour entendre.

— En tout cas, c'est à moi que le lieutenant a demandé de téléphoner, je téléphonerai, ne vous déplaise.

Puis, cédant à une inspiration subite :

— En attendant, ajouta-t-elle d'un ton plus radouci, qu'elle souligna même d'un sourire, venez donc boire un petit verre de Calvados pour faire descendre votre soupe.

— Ce n'est pas de refus, dit l'homme sans la moindre méfiance.

Elle lui en versa dans un verre ordinaire une énorme rasade, et tandis qu'il la buvait avec une visible satisfaction, elle entraîna Solange jusqu'au cellier, sur lequel donnait la cuisine.

— Grimpe vite sur le grand poirier, aussi haut que tu pourras, murmura-t-elle à son oreille; surveille bien la route et, du plus loin que tu verras les Boches paraître, redescends plus vite encore et envoie-moi Jeannot avec une seille à la main. Je saurai ce que cela veut dire.

— Oui, maman, ce sera fait.

Un quart d'heure à peine s'était écoulé, pendant

M'SIEU L'OFFICIER, CRIA-T-ELLE, LES BOCHES ILS SONT A L'OSERAIE.

lequel la fermière avait eu soin de verser au « Frisé » rasades sur rasades du stupéfiant spiritueux, quand Jeannot entra en balançant au bout de son bras un seau en bois destiné à l'abreuvage du bétail.

— C'est bien, lui dit-elle, pose-le sous l'évier et retourne-t'en hacher des betteraves. Je vais te montrer le tas par lequel tu dois commencer.

Et, très naturellement, sans la moindre hâte, elle se dirigea avec lui vers la grange.

Le dispositif téléphonique était posé dans une mangeoire, derrière la porte. La vaillante femme se saisit du récepteur, le porta à son oreille, se baissa vers le transmetteur pour donner le renseignement convenu.

Mais au moment où elle ouvrait la bouche pour parler, une lourde main s'abattit sur son épaule et la fit chanceler.

— Ne téléphonez pas! ordonna une voix rude et avinée ; je vous le défends !

Et d'une brusque saccade, il la repoussa loin de l'appareil.

La fermière, tremblante d'indignation, vit alors à quel homme elle avait à faire.

— Tu es un traître! lui cria-t-elle, pâle de colère.

— Non, pas un traître ; je suis tout simplement un bon Allemand, ricana le louche individu.

— Un traître et un lâche! ajouta-t-elle en se précipitant pour essayer de ressaisir le récepteur.

D'un bond, l'homme fut sur elle, et de ses gros doigts noueux il lui serra la gorge comme dans un étau jusqu'à ce que, évanouie, elle tombât pantelante à ses pieds.

Alors, d'un obscur réduit qui, à l'extrémité de la grange, servait de chambre à coucher à Jeannot, et avant même que le misérable pût se douter de sa présence, l'innocent se rua sur lui comme un fauve sur sa proie et, d'un mouvement sûr, lui planta dans le dos le gros couteau avec lequel il se disposait à hacher ses betteraves.

Avec un cri rauque, le traître s'effondra lourdement sur le sol.

Au même instant, Solange accourut. Elle écarta l'innocent, s'empara à son tour du récepteur, puis, penchée sur la plaque vibrante :

— *M'sieu l'officier,* cria-t-elle d'une voix grêle mais bien assurée, *les Boches ils sont à l'Oseraie !*

. . . .

Une heure plus tard, la ferme était cernée et tous ses hôtes ennemis tués ou faits prisonniers.

VIII

LES PAPIERS DU COMMANDANT

Personne n'aurait pu dire quand et comment il était
venu là. Un matin, à leur réveil, dans un cantonnement à deux ou trois kilomètres du front, en Cham-
pagne, des soldats d'un bataillon territorial l'avaient
trouvé dormant à poings fermés, à moitié enfoui sous
la paille d'une grange où ils avaient passé la nuit.

C'était un gros garçon joufflu, aux cheveux roux
embroussaillés, dont les humbles vêtements trahis-
saient au premier coup d'œil les origines rustiques : un
pantalon de velours déteint rapiécé aux genoux, une
blouse de toile brune, une casquette dont la visière
était absente et de gros souliers ferrés tout maculés
d'une boue crayeuse ramassée dans les ornières du
chemin. Malgré qu'il fût profondément endormi, il
tenait dans une de ses mains un bâton d'aubépine
fraîchement écorcé et coupé à sa taille : arme défensive
peut-être, ou soutien pour une longue marche à travers la campagne ravagée.

L'un des territoriaux, un sergent, se pencha sur lui et, lui secouant rudement le bras :

— Hé! mon petit gars, lui dit-il, tu n'as pas encore mangé assez de soupe pour être de la classe, je suppose. Que fais-tu là?

Ainsi réveillé, le dormeur rejeta de côté la paille qui avait protégé son sommeil, se dressa sur son séant, se frotta énergiquement les yeux du revers de la main, et sa bonne figure ronde s'épanouit dans un large rire silencieux.

— D'où viens-tu? Que fais-tu là? répéta le sergent d'un ton bourru.

— Je viens de Romilly, et j'attends que vous vouliez de moi pour vous aider à démolir des Boches.

— Démolir des Boches? rien que cela! Et avec quoi? Est-ce avec le bâton que tu tiens là?

— Oh! non, pas avec ce bâton, pour sûr; avec un fusil.

— Et où est-il donc, ton fusil? et tes cartouches? et tout le fourniment? ricana le sous-officier.

— Un fusil, des cartouches, j'en trouverai bien, si ce n'est que cela; il y en a, m'a-t-on dit, qui traînent un peu partout, répliqua le jeune paysan en achevant de se lever et secouant les brins de paille accrochés à ses vêtements. Laissez-moi seulement avec vous, et vous verrez.

— Ta mère doit être désolée de ton départ. Retourne-t-en donc près d'elle ; cela vaudra beaucoup mieux que de jouer au soldat.

— Ma mère est morte il y a eu trois ans aux cerises.

— Et ton père ?

— Il était sur le front depuis le commencement de la guerre, mais...

— Sur quelle partie du front ? En as-tu des nouvelles de temps, à autre ?

— La dernière fois qu'il m'écrivit, il y a six semaines de cela, il était du côté de Verdun ; depuis lors je n'ai rien reçu de lui, et comme il avait l'habitude de m'écrire tous les huit jours, j'ai bien peur qu'il soit mort ou prisonnier, conclut le brave garçon d'une voix attristée.

— De sorte que, dans ce cas, tu serais tout à fait seul au monde... à moins que tu n'aies des frères, des sœurs ?

— Pas de frères ni de sœurs, plus personne ; et si mon père est mort, je voudrais le venger.

— Eh bien ! reste avec nous, si tu veux ; mais jusqu'à ce que j'aie parlé au capitaine, arrange-toi pour qu'on ne s'aperçoive pas trop de ta présence ici.

Le sergent sut intéresser le commandant de la compagnie au sort du jeune orphelin, et cet officier ayant consenti à fermer les yeux sur l'irrégularité de la situation, notre aspirant volontaire se crut autorisé à partager désormais les vicissitudes du bataillon territorial dans les rangs duquel le hasard l'avait amené.

Pierre Langeon — ainsi s'appelait le vaillant petit Français qui avait rêvé de « démolir des Boches » — n'avait pas encore accompli sa quinzième année; mais la rude et saine vie des champs qui avait été la sienne depuis sa sortie de l'école, avait singulièrement développé ses forces physiques et endurci sa sensibilité aux fatigues et aux privations auxquelles la pauvreté de ses parents l'avait condamné.

Alerte et vigoureux, en dépit de son apparence rustaude, il sut tout d'abord se rendre utile aux hommes de la compagnie, en se chargeant pour l'un ou pour l'autre d'une foule d'ingrates besognes dont il s'acquittait avec adresse et gaîté de cœur.

Le délai fixé pour le repos au cantonnement étant expiré, le bataillon dut aller remplacer dans les tranchées un corps de troupe de l'armée active qui, après avoir pris part à toute une série de rudes combats, avait besoin, à son tour, d'aller se refaire à l'arrière de la ligne de feu. Pierre, naturellement, suivit le bataillon et, sans plus attendre, il trouva, la nuit venue, le moyen d'affirmer ses dispositions belliqueuses et son désir de bien faire.

La tranchée qui l'abritait était creusée au pied d'un coteau, en face et à quatre cents mètres environ des positions ennemies. De violentes attaques, récemment engagées à diverses reprises par les Allemands, avaient été constamment repoussées par nos vaillants soldats. La dernière de ces attaques avait eu lieu dans la matinée, et après une mêlée des plus meurtrières où trois compagnies françaises avaient eu à soutenir le choc de deux bataillons bavarois, ceux-ci durent battre en retraite en laissant sur le carreau un grand nombre des leurs.

Mais cette petite victoire n'avait pas été sans nous causer, à nous aussi, quelques pertes; et comme le terrain compris entre les lignes adverses était exposé au feu croisé des deux partis combattants, on dut, de part et d'autre, attendre la nuit pour procéder avec le moins de risques possible à la relève des blessés.

Dès que l'obscurité fut complète, Pierre se mêla aux brancardiers, afin de les aider à chercher les hommes trop grièvement atteints pour pouvoir regagner d'eux-mêmes le poste sanitaire établi en arrière de la tranchée.

Comme, l'opération terminée, il jetait un dernier coup d'œil sur le terrain du combat, le jeune conscrit remarqua, tout près des lignes allemandes, une vieille masure dont quelques pans de mur seulement restaient encore debout. Il eut la curiosité d'aller voir si, derrière ces ruines, des soldats français frappés par la mitraille n'auraient pas été oubliés. Heureuse inspiration! Trois blessés étaient là; l'un d'eux, assis sur le sol, le dos appuyé contre une brouette, poussait par intervalles de faibles gémissements; les deux autres gisaient parmi les décombres sans exhaler aucune plainte ni faire le moindre mouvement. Pierre souleva péniblement le premier entre ses bras et, l'ayant déposé sur le rustique véhicule, il le transporta à l'ambulance. C'était un capitaine dont une balle avait traversé la poitrine.

Successivement il revint chercher le deuxième, puis le troisième, qu'une abondante perte de sang avait privés de connaissance, mais dont les blessures n'étaient pas mortelles.

Chemin faisant, il avait ramassé par terre un fusil et, un peu plus loin, une bourguignotte dont il se coiffa par-dessus sa casquette.

Lorsque, pour la troisième fois, il se montra au poste sanitaire chargé de son précieux fardeau, il y fut accueilli par les plus chaleureuses félicitations.

— C'est bien, cela, mon ami, lui dit le médecin-major; mais ne sais-tu pas qu'en t'exposant ainsi à être surpris par les Boches, tu risques à tout instant d'être tué?

— Oui, monsieur le major, je le sais, mais on tâchera de se garer. Et puis, après tout, on ne meurt qu'une fois... maintenant ou plus tard, peu importe.

— Tu es bien jeune pour parler de la sorte, mon petit. A ton âge, on doit pourtant tenir à la vie!

— Bah! je n'ai pas été jusqu'ici assez heureux pour cela. Nous étions une famille de pauvres gens, et mes parents ont dû trimer bien fort toute leur vie, moi aussi, pour subvenir à leurs besoins et aux miens. Maintenant ma mère est morte. Et si, comme je le crains, mon père a succombé dans cette horrible guerre, quel avenir m'attend, sans personne à aimer, sans personne qui s'intéresse à moi?

Le ton plein de découragement dont le jeune paysan prononça ces derniers mots, et qui contrastait si étrangement avec son apparence vigoureuse, robuste et bon enfant, émut jusqu'au fond du cœur le médecin-major.

— Mais enfin comment es-tu ici? lui demanda-t-il. Comment as-tu trouvé le moyen de te glisser jusqu'à nos lignes?

Pierre lui donna à cet égard les explications nécessaires; puis dessinant d'un geste gauche le salut militaire, il retourna dans sa tranchée.

Dès le lendemain, l'un des hommes de la compagnie qui, dans la vie civile, exerçait la profession de tailleur, accommoda à la taille de notre jeune conscrit la capote terreuse d'un soldat tombé sur le champ de bataille. On le munit, en outre, d'un ceinturon et d'une giberne garnie de cartouches, et, avec le fusil et la bourguignotte qu'il avait ramassés la veille, il se trouva à peu près équipé comme les poilus qui l'avaient adopté.

Quelques jours se passèrent sans que, dans ce secteur, Français et Allemands en vinssent aux mains. Pierre, qui, métamorphosé en guerrier complet, possédait maintenant les moyens de « démolir des Boches », trépignait d'impatience de n'avoir pu encore réaliser son rêve, lorsque, un matin, au petit jour, le bataillon reçut l'ordre de se tenir prêt à attaquer les tranchées d'en face, de s'en emparer, de culbuter les Boches, et, si les circonstances le permettaient, de pousser jusqu'à leurs deuxièmes lignes de défense.

A l'heure, à la minute précise fixée par le commandement, nos hommes bondirent hors de leurs abris, et sans se laisser arrêter par l'averse de mitraille au moyen de laquelle l'ennemi espérait contenir leur élan, ils se ruèrent à l'assaut de ses positions.

La mêlée fut terrible; plus d'un de nos braves y trouva une mort glorieuse; plus d'un aussi, frappé en pleine action, mais non mortellement atteint, dut lâcher le fusil dont il faisait un si bon usage, et, trop affaibli par la souffrance et le sang répandu, attendre l'issue d'un combat auquel, la rage au cœur, il ne pouvait plus prendre part.

Des deux côtés, la lutte revêtit bientôt un caractère inouï de violence et d'acharnement. Avec des cris sauvages, les adversaires s'abordaient, se défiaient, s'étreignaient à bras-le-corps, cherchant à se terrasser, pendant qu'autour d'eux, sous les premiers rayons du soleil qui maintenant dorait le sommet des collines lointaines, les baïonnettes se heurtaient en des éclairs fugitifs, puis disparaissaient dans les profondeurs des poitrines haletantes.

De la tranchée où on l'avait obligé à rester, Pierre suivait, palpitant d'émotion, les diverses péripéties de l'action engagée sous ses yeux. Bien abrité derrière le parapet de sacs de terre qui protégeait l'ouvrage, le ca-

LORSQUE, POUR LA TROISIÈME FOIS, IL SE MONTRA AU POSTE SANITAIRE...

non de son fusil passé entre deux de ces sacs, il visait avec soin l'un ou l'autre des soldats ennemis, et plus d'une fois il eut la satisfaction de voir la balle atteindre son but. Trois Boches tombèrent ainsi sous ses coups, et il en eût « démoli » bien d'autres si les progrès réalisés par nos troupes, en déplaçant le terrain du combat, ne l'eût dérobé à la vue de notre jeune héros.

Après deux heures d'efforts surhumains où la bravoure de nos défenseurs s'affirma une fois de plus d'admirable façon, la première ligne de tranchées allemandes était prise. Il fallait maintenant s'emparer de la deuxième. Mais ici l'entreprise offrait beaucoup plus de difficultés. Furieux de l'échec qu'ils venaient de subir avec des pertes très sensibles en tués, blessés et prisonniers, les Allemands avaient amené en toute hâte des renforts pour s'opposer à une nouvelle avance de leurs adversaires, et dès leurs premiers pas nos vaillants soldats furent accueillis par un feu roulant de fusils et de mitrailleuses qui, tout d'abord, jeta un certain désordre dans leurs rangs.

Le commandant du bataillon, un brave entre les braves, tomba à la tête de ses hommes, la tempe trouée d'une balle. Presque aussitôt, l'un des capitaines, qui avait pris sa place, subit le même sort; peu d'instants après, ses deux lieutenants étaient mis hors de combat, l'un l'épaule fracassée, l'autre avec une balle dans le ventre.

Ce que voyant, un autre capitaine rallia les hommes dont le sang-froid commençait à être ébranlé, et bondissant, sabre au poing, vers les défenses ennemies d'où continuait à jaillir un ouragan de fer et de feu :

— Allons-y, les gars ! cria-t-il dans un geste superbe d'héroïsme.

Électrisés par ce bel exemple d'audace et d'intrépidité, les territoriaux, un moment déconcertés, se ressaisissent et, s'élançant à la suite de leur chef, foncent avec impétuosité sur les Allemands.

Mais ceux-ci, bien terrés dans leurs abris, avaient, en outre, la supériorité du nombre ; leurs retranchements, hérissés d'engins de toutes sortes, étaient puissamment organisés, et c'est en vain que nos poilus tentèrent de s'en rendre maîtres. Leur courage et leur esprit de sacrifice ne purent prévaloir contre les obstacles formidables qui leur étaient opposés ; bien que chacun d'eux eût fait des prodiges de valeur, ils durent, après une heure de combat, se replier sur les premières positions conquises.

Or, le commandant qui venait d'être tué, avait sur lui, dans la poche intérieure de sa vareuse, des papiers de grande importance, parmi lesquels un plan complet de nos tranchées dans le secteur considéré, avec l'emplacement exact de nos batteries, le nombre et la puissance des pièces de chacune d'elles.

Un peu avant l'attaque, cet officier avait fait appeler son ordonnance.

— Ces papiers, lui avait-il dit, ne doivent pas tomber entre les mains de l'ennemi. S'il m'arrivait malheur,

tu les prendrais dans ma poche et irais sans plus tarder les remettre au colonel.

Le commandant était mort; quant à l'ordonnance,
qui combattait à ses côtés, il avait été grièvement blessé
au moment où, penché sur lui, il en déboutonnait la
vareuse pour remplir la mission qui lui avait été confiée.

Informé de cette circonstance par un soldat blessé à
qui, en partant pour l'assaut, l'ordonnance avait fait
part de la recommandation de son chef, le colonel
voulut à tout prix avoir les précieux documents; il demanda donc des volontaires pour aller, la nuit venue,
chercher le corps du commandant, tombé à quelques
mètres seulement des lignes boches, ou tout au moins
prendre sur lui tout ce qui pouvait se trouver à l'intérieur de ses vêtements.

Quatre hommes se présentèrent, et dès que le soleil
eut disparu à l'horizon, ils se glissèrent vers les organisa-
tions allemandes. Le terrain où s'étaient déroulées les
diverses phases du combat de la journée était plat, uni
et dépourvu de toute végétation, n'offrait par conséquent à nos hardis volontaires aucun abri contre les
balles ennemies qui, presque sans interruption, passaient
en sifflant au-dessus de leurs têtes, ou, en s'enfonçant
dans le sol, faisaient jaillir autour d'eux des petits flo-
cons de poussière.

Une heure s'écoula et aucun des quatre hommes ne
revint.

Trois autres suivirent qui ne furent pas plus heureux.

— La médaille militaire à qui me rapportera les papiers du commandant ! proposa alors le colonel, que commençait à inquiéter l'insuccès des tentatives déjà faites dans ce but.

L'offre de cette glorieuse distinction fut impuissante à provoquer de nouvelles initiatives parmi les hommes du bataillon. Aucun ne se présenta. Seul, un jeune capitaine déclara qu'il était tout disposé à accepter la périlleuse mission. Le colonel voulut l'en dissuader. Le capitaine insista. A minuit, il partit. Trois heures plus tard on ne l'avait pas encore revu, et le colonel, découragé, renonça à sacrifier de nouvelles existences pour la possession de documents dont les vicissitudes de la guerre et les changements qu'elles amènent si souvent dans les positions respectives des partis en présence pouvaient, d'ailleurs, à tout instant infirmer complètement la valeur.

A l'aube, l'attaque reprit avec une nouvelle intensité. Sortant de leurs tranchées, les territoriaux se lancèrent à l'assaut des positions ennemies. Mais aussitôt, de ce côté, fusils et mitrailleuses de faire entendre leur terrifiant concert. Les deux lignes opposées étaient distantes de cinq cents mètres environ l'une de l'autre. A mi-chemin, les assaillants, gravement éprouvés, eurent un moment d'hésitation et il y eut dans leurs rangs quelques velléités de repli. Mais reculer devant le danger ne fut jamais le propre du soldat français ; il ne s'y résigne que lorsque tout espoir d'avancer utilement est irrévocablement perdu. Dans un furieux sursaut de toutes leurs énergies, nos poilus reprirent donc au pas de course leur marche en avant, en exaltant leur ardeur guerrière aux strophes enflammées de la *Marseillaise*.

Ils n'étaient plus qu'à une cinquantaine de mètres des retranchements assiégés, lorsque quelques-uns de ces braves virent soudain se dresser devant eux, le fusil à la main, un petit soldat français en qui ils n'eurent pas de peine à reconnaître Pierre Langeon, le pupille du bataillon.

Sans le moindre souci des balles qui bourdonnaient à ses oreilles, il courut au-devant d'eux.

— Pendant une partie de la nuit, leur dit-il, il y a eu des mouvements dans la tranchée boche, et, vers deux heures, j'ai entendu les pas d'une troupe qui s'éloignait. Il est donc probable que votre attaque ne se heurtera pas à des forces bien nombreuses.

Le sergent qui avait pris Pierre sous sa protection, intervint.

— Comment se fait-il que tu sois ici ? interrogea-t-il. Qu'es-tu venu y faire ?

— Voyant qu'aucun de ceux qui avaient essayé n'avait pu réussir à rapporter les papiers du commandant, je suis venu, sans en rien dire à personne, les chercher moi-même.

— Et tu les as ?

— Oui, je crois que les voici, répondit Pierre en tirant triomphalement de sa capote un portefeuille en cuir vert gonflé de papiers. C'est, en tout cas, tout ce que j'ai trouvé sur lui.

— Mais pourquoi, dès que tu les as eus en ta possession, n'es-tu pas revenu de notre côté?

— Parce que, obligé, malgré la nuit, d'agir avec une extrême prudence, j'ai été assez longtemps à trouver le corps du commandant. Quand enfin je l'ai découvert, il commençait à faire jour; alors, pour ne pas m'exposer à recevoir un *pruneau*, je me suis étendu sur le sol et j'ai fait le mort, en attendant les événements.

— C'est très bien ce que tu as fait là, mon petit gars. File vite maintenant remettre ce portefeuille au colonel, tandis qu'ici nous allons causer un brin avec les Boches; mais prends bien garde qu'un coup de fusil ne t'arrête en chemin.

— Alors, sergent, vous êtes content de votre jeune recrue, et vous ne regrettez pas de m'avoir facilité les moyens d'être utile à mon pays?

— Le regretter! certes, non, mon petit Pierre. Quoique tu n'aies pas encore de poil au menton, nul plus que toi ne méritait d'être élevé à la dignité de poilu; je me félicite, au contraire, d'avoir doté ma compagnie d'un lascar qui n'a pas froid aux yeux et ne craint pas la casse. Allons, défile au plus vite, que je te dis; et, encore une fois, gare-toi bien des « moustiques » si tu tiens à remplir jusqu'au bout ta courageuse entreprise.

— Soyez tranquille, sergent, on veillera à sa peau.

ILS VIRENT SE DRESSER DEVANT EUX UN PETIT SOLDAT FRANÇAIS.

Pendant ce temps, rassurés par le précieux renseignement que venait de leur donner le jeune et intrépide
conscrit, les territoriaux s'étaient rués dans un dernier
élan sur la tranchée ennemie. Tels, autrefois, les
chassepots de Mentana, leurs baïonnettes « firent mer-
veille » et besognèrent avec un tel entrain, que, moins
d'un quart d'heure après, tous les Allemands chargés
de la défense de cette position étaient tués ou faits
prisonniers.

Pierre était trop jeune pour recevoir la récompense
promise par le colonel.

— Je regrette pour toi, lui dit cet officier supérieur
en le félicitant, que ton âge m'empêche de te faire décerner la médaille que mériterait ta belle conduite ; il me
permet, du moins, de t'en offrir quelques-unes en
chocolat. Voici donc de quoi t'en acheter tout un lot,
ajouta-t-il en lui glissant dans la main une poignée de
pièces blanches. Croque-les à ma santé, et continue
à bien aimer, à bien servir ton pays.

IX

PIEUX MENSONGE

Pierre Bérard était un brave et honnête ouvrier mécanicien qui, après avoir passé trois ans sous les drapeaux, s'était retiré avec le grade de sergent, était rentré dans ses foyers, s'y était marié.

Deux ans plus tard, il devenait père d'une fille qui reçut au baptême le prénom de Colette. A partir de ce jour, son cœur se partagea entre deux affections également vives : l'une pour sa femme, qu'il adorait, l'autre pour son enfant, dont il ne se lassait pas de contempler le doux et charmant visage.

Tout en rendant à l'une et à l'autre la vie heureuse et facile, Pierre avait économisé sur son salaire quotidien tout ce qui n'était pas absolument nécessaire aux besoins du ménage; et comme son travail était très convenablement rétribué, il avait pu, au bout de quelques années, se rendre acquéreur d'une jolie maisonnette dont le toit de briques rouges s'abritait, à l'extrémité du village, sous l'épaisse ramure de deux grands marronniers.

Colette avait alors dix ans. C'était une adorable fillette dont les yeux, d'un bleu d'azur, reflétaient la bonté, la douceur et l'intelligence, et dont la seule présence répandait autour d'elle le bonheur et la joie.

Ses parents l'idolâtraient ; l'institutrice la proposait en exemple à ses compagnes pour la franchise et la droiture de son caractère, et les gens du village lui souriaient avec bienveillance lorsqu'ils la voyaient passer dans la rue, allant, un panier au bras, faire des commissions pour sa mère.

Vers la même époque, Mme Bérard donna le jour à un deuxième enfant, un garçon, dont la venue combla les vœux les plus chers de l'ouvrier mécanicien. Mais, comme si la Fortune, inconstante déesse, eût regretté les faveurs qu'elle lui avait jusqu'alors accordées, un grand malheur vint en même temps fondre sur lui : A peine l'enfant venait-il de faire son entrée dans la vie, que la mère mourut, emportée par une fièvre pernicieuse.

Le nouveau-né fut mis en nourrice jusqu'à l'âge de quinze mois chez une jeune paysanne des environs, après quoi on le rendit à Colette pour qu'elle veillât sur lui et se chargeât de son éducation.

Ah! quelle joie de pouvoir jouer à la maman ! Avec quelle tendre et inquiète sollicitude elle surveilla ses premiers pas, pourvut à ses premiers besoins ! Le petit être grandissait, robuste et vigoureux ; et au doux rayonnement de sa grâce enfantine, réchauffé, soutenu par les soins ingénieux dont il était l'objet de la part de Colette, le père, peu à peu, oubliait son chagrin, et le calme renaissait à son foyer.

Hélas ! cette tranquillité ne devait pas être de longue durée. Le 3 août 1914, sans raison aucune, sans la moindre provocation de la part de notre pays, une nation orgueilleuse et jalouse de notre rang dans le monde déclarait la guerre à la France.

Pierre fut, dès les premiers jours, rappelé sous les drapeaux. Il y fit vaillamment son devoir et ne tarda pas à se signaler à l'attention de ses chefs par quelques actions d'éclat qui lui valurent d'être cité à l'ordre de l'armée et d'être promu au grade de sous-lieutenant.

Tant pour le récompenser de sa bravoure que pour lui permettre de se reposer des rudes fatigues qu'il avait subies pendant un long séjour dans les tranchées à moitié inondées, d'où il n'était sorti de temps à autre que pour engager contre l'ennemi de sanglants combats, son colonel l'autorisa à aller passer deux jours près de ses enfants, dont il était sans nouvelles depuis longtemps déjà, bien que le village qu'il habitait ne se trouvât qu'à quelques lieues de son cantonnement.

Quand il arriva, Colette était assise devant la cheminée de la cuisine, remuant d'une main un potage au lait qu'elle préparait pour son jeune frère, tandis que de l'autre elle berçait l'enfant dormant à poings fermés dans son berceau.

Au bruit que fit son père en entrant, elle leva la tête

et un éclair de joie illumina tous ses traits. Elle poussa un cri et courut se jeter dans ses bras.

— Oh! père, père, que je suis heureuse de te voir! Mais combien j'aurais préféré que ce ne fût pas aujourd'hui!

— Pas aujourd'hui? Pourquoi donc, ma chérie?

— Baudouin, le garde champêtre, vient de nous annoncer que les uhlans ont fait leur apparition dans le voisinage. Il en a vu, paraît-il, un détachement arrêté devant la ferme de Langledoux et il croit que nous n'allons pas tarder à recevoir leur visite. Oh! mon Dieu! s'ils allaient te trouver là!

Le père se pencha sur l'enfant endormi, le baisa au front, doucement, pour ne pas le réveiller; puis s'asseyant et attirant Colette sur ses genoux :

— Ne crains rien pour moi, lui dit-il; je saurai toujours me débrouiller. Quant à toi, ma mignonne, tu es trop jeune pour qu'ils aient la cruauté de te faire du mal; leurs instincts de brutes seront désarmés par tant de grâce et d'innocence, et j'espère que ni toi ni ton petit frère n'aurez à souffrir de leurs brutalités... Mais, j'y songe : as-tu bien tout ce qu'il te faut? N'as-tu manqué de rien depuis mon départ? Te reste-t-il assez d'argent dans ta cachette?

— Il ne nous manque rien... rien que toi, petit père; c'est à peine si j'ai touché aux cinquante francs que tu m'as laissés.

— C'est parfait; continue à bien te soigner, à bien

dorloter notre petit Maurice. En attendant, tâche de me donner quelque chose à manger; je me sens une faim de loup.

Vive et légère comme un oiseau, Colette se dégagea de la douce étreinte de son père et, prenant un filet à provisions accroché au-dessus du buffet, elle se disposa à sortir.

Comme elle ouvrait la porte, des clameurs, des cris d'effroi montèrent de la rue, suivis du bruit des pas d'une course précipitée. Elle bondit vers la fenêtre assez tôt pour en écarter son père, qui, lui aussi, avait fait un mouvement pour s'en approcher.

Elle se pencha, regarda au dehors. En bas, avec des mines effarées, les gens se hâtaient de rentrer chez eux.

— Les uhlans! les uhlans! criaient-ils en passant devant chaque maison; ils viennent par le chemin de Cougy; ils sont à l'entrée du village.

Vivement Colette referma la croisée.

— Père! père! implora-t-elle, cache-toi. Oh! fais qu'ils ne te voient pas ici; ils te tueraient!

Pierre eut un moment d'hésitation. Devait-il rester pour faire face à l'orage et protéger sa fille en cas de danger, ou bien se sauver pour ne pas priver ses enfants de leur unique soutien?

— Oh! je t'en supplie, père, reprit Colette joignant les mains dans un geste éperdu et poussant son père vers la chambre voisine. Sûrement ils te tueraient... Et que deviendrions-nous sans toi? Pour moi je n'ai rien

C'EST DANS CETTE ATTITUDE QUE LA TROUVÈRENT LES SOUDARDS
LES MIETTES DE LA GLOIRE.   18

à craindre... ne me le disais-tu pas tout à l'heure? Ils n'oseront pas non plus faire du mal à petit frère. Oh! va-t'en, va-t'en!

Le bruit d'une cavalerie en marche se faisait déjà entendre très distinctement, ainsi que le cliquetis des armes des cavaliers ennemis.

— Vite! vite! petit père, gémit la pauvre enfant, folle d'épouvante.

Se cacher, se sauver comme un larron surpris par la police!... Cette idée était insupportable au vaillant soldat, dont l'indomptable bravoure avait déjà, au cours de cette horrible guerre, affronté tant de périls. Cependant Colette avait raison : mourir quand le sacrifice de sa vie peut être utile à la patrie, passe encore; mais à quoi servirait sa mort si, après s'être héroïquement défendu contre toute une bande de Barbares, il venait à succomber sous leurs coups?

Soulevant dans ses bras robustes la fillette tremblante d'anxiété, il la tint longuement pressée sur son sein; puis la posant doucement à terre :

— N'aie pas peur, lui dit-il, ils ne m'auront pas. Sois brave et aie bien soin du petiot.

Parlant ainsi, il se glissa dans la pièce voisine, sa chambre à coucher, dont il referma la porte derrière lui.

Au même instant un grand fracas de bottes éperonnées retentit dans l'escalier, et presque aussitôt, avec cette arrogance et cette brutalité lourde qui caractérisent le guerrier teuton, trois uhlans conduits par un sous - officier firent irruption dans l'appartement.

Prestement Colette avait tiré le petit Maurice de son berceau, l'avait assis sur ses genoux et, sans émotion apparente, avec des mouvements d'une douceur toute maternelle, elle lui donnait à manger quelques cuillerées du potage au lait qu'elle venait de préparer.

C'est dans cette gracieuse et touchante attitude que la trouvèrent les soudards dont la seule apparition avait mis tout le village en émoi.

— Où sont tes parents ? lui demanda en français le sous-officier, faisant quelques pas vers elle.

— Je n'ai plus de mère, et papa a été rappelé sous les drapeaux, répondit Colette avec calme.

— Bon. Ta mère est morte, c'est entendu; mais ton père est ici. Un de mes hommes vient de voir un soldat français entrer dans cette maison.

Colette eut un tressaillement d'angoisse. Pour cacher son trouble, elle se baissa vers l'enfant qu'elle tenait sur ses genoux, et qui, effrayé sans doute par le ton menaçant du Germain, s'était mis à pleurer. Levant ensuite son clair regard sur le sous-officier :

— Vous vous trompez, Monsieur, lui dit-elle; je suis seule ici avec mon petit frère, que vous voyez devant vous.

— Tu mens! hurla le reître en secouant rudement la jeune fille par les épaules. — Kurt, n'as-tu pas vu un de nos ennemis pénétrer dans cette demeure ? ajouta-t-il, s'adressant à l'un de ses hommes.

— Oui, sergent, affirma le soldat interrogé.

— Dans ce cas, nous allons bien le trouver. Et toi, petite, si tu as menti, prends garde à toi! tu seras châtiée comme tu le mérites.

A ces mots, il s'avança vers la porte par où Pierre avait disparu et fit signe à ses hommes de le suivre.

Mais déjà Colette l'avait prévenu. Fièrement campée sur le seuil, lui faisant de son corps gracieux et de celui du petit frère une barrière fragile mais résolue :

— Oh! Monsieur, je vous en prie, n'entrez pas là; c'est la chambre où maman est morte! Ce serait la profaner que d'y entrer avec vos soldats.

Par ce geste, aussi inutile qu'héroïque, Colette n'avait d'autre but que de gagner du temps, afin de permettre à son père de se soustraire par la fuite au triste sort qui l'attendait s'il eût été surpris par la patrouille allemande.

Le sergent eut un ricanement sinistre, et écartant la fillette d'une secousse qui l'envoya rouler sur le parquet avec son précieux fardeau, il entra, suivi de ses trois satellites.

La maison de Pierre Bérard n'avait qu'un étage, et sa façade postérieure confrontait un jardinet que, dans ses moments de loisir, le maître cultivait avec amour et entretenait avec soin.

Au bruit des pas des soldats ennemis envahissant sa demeure, il avait revêtu à la hâte, par-dessus son uniforme de sous-lieutenant, un pantalon de treillis et une longue blouse blanche — ses vêtements d'atelier —

remplacé son képi par une casquette d'ouvrier, puis, enjambant la fenêtre, il avait en trois bonds gagné une oseraie qui formait en cet endroit la limite du village.

Quand les uhlans entrèrent, la chambre était vide; c'est en vain qu'ils en explorèrent les moindres recoins, ainsi que ceux des autres parties de l'habitation.

Colette, que les dangers dont son père était menacé avaient tenue anxieuse et palpitante, sentit son cœur soulagé d'un grand poids.

— Vous voyez bien, dit-elle, qu'il n'y a ici personne autre que moi!

Le sous-officier l'enveloppa d'un regard méfiant et, la saisissant brutalement par le bras :

— Ton père n'est plus là, en effet; mais il y était au moment de notre arrivée. Tu m'as donc trompé, et tu vas être punie, à moins que tu ne me dises où il se cache.

— Comment pourrais-je vous le dire, puisque je ne l'ai pas vu?

— Tu ne l'as pas vu? Eh bien! jure-le... Tiens, jure-le sur la tête de ton petit frère.

La fillette fut atterrée; une angoisse inexprimable lui serra le cœur et elle crut que son sang allait se figer dans ses veines. Elle s'était résignée à mentir pour préserver les jours de son père; mais pour rien au monde elle n'eût commis un parjure contre lequel se révoltait son âme loyale et fière. Elle baissa sa jolie tête jusque sur les petites joues rondes de l'enfant et les couvrit de baisers passionnés. Puis levant vers l'odieux Teuton un regard qui eût attendri un tigre :

— Ma religion me défend de jurer, dit-elle d'une voix ferme, et je ne jurerai pas. Faites de moi ce que vous voudrez; je vous demande seulement d'épargner ce pauvre petit innocent.

Un éclair de méchanceté féroce et bestiale passa dans les yeux du pandour. Sans le moindre égard pour l'âge, pour le sexe, pour tout ce qu'il y avait dans cette enfant de grâce ingénue, de candeur, de dévouement sublime, il donna à l'un de ses hommes un ordre bref, et aussitôt la malheureuse, toujours pressant contre sa poitrine le petit être qu'elle chérissait à l'égal de son père, fut entraînée dans le fond du jardin et attachée par la taille à une branche d'espalier.

— Dis-moi où est ton père; sinon tu vas mourir, lui cria une dernière fois, de la fenêtre, le chef des bandits, resté dans la chambre avec ses complices.

Pour toute réponse, Colette déposa un baiser suprême sur les lèvres roses de son petit frère. Elle laissa ensuite glisser tout doucement sur le sol, à côté d'elle, la frêle et innocente créature, et regardant ses bourreaux bien en face :

— Vous n'êtes que des lâches, et je vous méprise ! leur cria-t-elle. Je suis prête à mourir. Mon père me vengera.

A peine venait-elle de les cingler de cette fière apostrophe, que de violentes rumeurs, mêlées au fracas du canon et au crépitement de la fusillade, ébranlèrent tous les échos d'alentour; et en moins de temps qu'il n'en faut pour le raconter, les rues du village étaient pleines de soldats français qui, baïonnette au canon, couraient sus au détachement ennemi.

Les fusils qui déjà mettaient en joue l'héroïque jeune fille se baissèrent, et les quatre uhlans détalèrent au plus vite... pour tomber presque aussitôt entre les mains de nos vaillants soldats.

Les misérables Boches auraient-ils eu vraiment l'infamie d'assassiner une pauvre enfant sans défense, et peut-être même avec elle la chétive créature à qui elle servait de mère; ou bien n'était-ce là qu'un simulacre d'exécution destiné à la terroriser pour lui arracher le secret qu'elle s'obstinait à ne pas révéler? Nous ne saurions le dire.

Quoi qu'il en soit, Colette était sauvée. Elle avait aussi — ce dont elle était beaucoup plus heureuse encore — sauvé son père chéri. C'était, il est vrai, au prix d'un mensonge, le premier qui fût jamais sorti de ses lèvres pures. Mais Dieu, juste et bon, le lui aura certainement pardonné.

X

BAKARI

Dix ans ; une petite frimousse couleur caramel, espiègle et prenante; des cheveux noirs, soyeux et bouclés comme une jolie peau d'astrakan; des yeux rappelant deux perles de jais noyées dans du lait et deux rangées de dents blanches, aiguës comme celles d'un jeune louveteau.

Il avait la vivacité légère et gracieuse d'un écureuil et l'intelligence éveillée d'un ouistiti frotté de civilisation. Son visage était un perpétuel sourire que n'avait jamais voilé l'ombre d'un chagrin, et son caractère enjoué le faisait aimer de tous ceux qui l'approchaient.

Tel était Bakari lorsque, il y a quelques années, les hasards d'un voyage au Soudan nous le firent connaître.

Il était né à Bammako, sur les bords du Niger, d'un père de race nègre et d'une mère tunisienne.

Le père, Kadoul ben Ruffi, habile ouvrier en sparterie, gagnait largement par son travail de quoi subvenir aux besoins de sa petite famille; il aurait pu, s'il l'eût voulu, vivre heureux et tranquille entre sa femme et son enfant, sans souci du présent, sans inquiétude pour l'avenir.

Malheureusement, il était d'humeur aventureuse; et comme il aimait beaucoup la France, dont nos troupes d'occupation lui avaient en maintes circonstances vanté le climat, les beautés, la richesse, les mœurs hospitalières et douces, il fut pris tout d'un coup du désir de la servir. Il abandonna donc un beau jour ses tiges d'alfa et ses fibres de coco, vendit à un voisin son gourbi et tout ce qu'il contenait, et, suivi de sa femme et de son fils, il alla contracter un engagement dans un bataillon de tirailleurs sénégalais qui tenait garnison à Médine.

Il y remplissait depuis trois ans ses devoirs de soldat avec fidélité et dévouement, et le courage qu'il avait déployé dans de nombreuses expéditions contre des tribus rebelles lui avait valu les galons de sergent, quand, l'Allemagne ayant déchaîné sur l'Europe la plus monstrueuse des guerres le bataillon reçut l'ordre de partir pour le continent.

L'annonce de ce départ fut des plus pénibles pour les tirailleurs mariés et pères de famille; car l'ordre de mise en mouvement portait qu'il fallait laisser derrière soi femmes et enfants, sur le sort desquels le Gouvernement s'engageait, d'ailleurs, à veiller avec toute la sollicitude nécessaire.

Ce fut aussi le premier grand chagrin de Bakari. Il avait alors treize ans ; il aimait bien sa mère, qui s'était toujours montrée pour lui douce et tendre ; mais il aimait plus encore son père, dont il était l'idole, et, ayant toujours vécu près de lui, il ne pouvait se faire à l'idée d'en être séparé.

Il pria, supplia, pleura pour qu'on l'emmenât comme enfant de troupe, promettant d'être docile, obéissant, et de se rendre utile à tous dans la mesure de ses forces. Déjà, dans les longues marches à travers la brousse, aux côtés de son père, n'avait-il pas prouvé ce dont il était capable, en se glissant comme un furet parmi les buissons pour découvrir et signaler aux tirailleurs quelque embuscade par laquelle ils eussent pu se laisser surprendre ?

Tout d'abord Kadoul résista, demeura sourd aux supplications de l'enfant ; il ne voulait pas l'exposer aux hasards et aux dangers d'une guerre qu'il prévoyait devoir être longue et terrible ; mais le désespoir de Bakari, ses larmes, ses sanglots lui brisaient le cœur, énervaient sa résolution ; il finit par céder, et allant trouver le commandant du bataillon, il lui demanda l'autorisation d'emmener son fils avec lui.

— Emmener ton fils ! Pourquoi pas ta femme, pendant que tu y es ? grommela l'officier d'un ton bourru.

Kadoul, respectueusement, insista, fit valoir ses raisons.

Sous une apparence des plus sévères, le commandant cachait une bonté de cœur qui ne demandait qu'à se dépenser.

— C'est bien, dit-il après quelques secondes de réflexion; si d'autres camarades ne réclament pas pour leur fils la faveur que tu demandes pour le tien, c'est accordé. Dans le cas contraire, barka!

Aucune nouvelle sollicitation de même nature ne se produisit, et Bakari fut autorisé à suivre le bataillon.

Dix jours après, nos tirailleurs débarquaient au Havre, d'où, par des voies qu'on ne pourrait qualifier de directes mais qui leur permirent de voir du pays, on les achemina vers les champs de bataille de l'Yser, où Anglais, Français et Belges s'opposaient avec un magnifique courage et une ténacité invincible à la marche des Allemands sur Calais et Dunkerque, but de leur violente et ambitieuse stratégie.

Dans les combats quotidiens que les Alliés eurent à soutenir sur ce coin désolé de la malheureuse Belgique envahie et saccagée par les hordes du Kaiser, l'unité à laquelle appartenait Kadoul ben Ruffi se signala par des prodiges de valeur, notamment notre sergent soudanais, dont la téméraire bravoure eut en maintes circonstances l'occasion de s'affirmer.

Toujours flanqué de Bakari, qui, équipé et armé comme tous les hommes du bataillon, ne le quittait pas plus que son ombre, il se battait comme un lion, avec une impétuosité, une furie à laquelle rien ne pouvait résister. Malheur au Boche que sa mauvaise fortune mettait à portée ou de la balle de son fusil ou de la pointe de sa baïonnette, dont il jouait avec une merveilleuse agilité et une redoutable maëstria.

Marchant ou bondissant à ses côtés, attentif à ses moindres mouvements, Bakari, les yeux étincelants d'une ardeur sauvage, maniait crânement la petite carabine qu'on lui avait donnée et dont il était suprêmement fier. Insensible au crépitement des balles qui bourdonnaient à ses oreilles comme un essaim de frelons importuns, il levait et abaissait son arme, et plus d'un de ses coups fit mordre la poussière à l'un de ses ennemis sans que jamais il eût lui-même reçu la moindre égratignure.

Pris d'admiration et de pitié pour cet enfant, les Boches l'épargnaient-ils, ou bien fallait-il attribuer son apparente invulnérabilité à la vertu d'un fétiche qu'il portait suspendu à son cou et qui, croyait-il, le rendait *tabou*, c'est-à-dire sacré, nul ne saurait le dire. Toujours est-il que jusqu'alors, et quoique ayant pris part à de sanglantes mêlées, dans le fracas terrifiant d'un ouragan de fer et de feu, il était sorti indemne de la fournaise, tandis qu'autour de lui tombaient, frappés par la mitraille, de nombreux et vaillants camarades de son père le sergent.

C'est probablement cette foi naïve dans le pouvoir mystérieux de son talisman qui le détermina à accomplir un acte dont l'exécution eût paru impossible au guerrier le plus audacieux.

Un jour, ou plutôt une nuit, sous un ciel couvert de gros nuages noirs derrière lesquels la lune et les étoiles faisaient une partie de cache-cache, Bakari, que tourmentait un violent désir de jouer un bon tour aux Boches en détournant de nos soldats un grave danger dont ils étaient menacés, se leva doucement du fond de la tranchée où il reposait à côté de son père endormi. Souple et agile comme le sont les enfants de sa race, il franchit d'un bond le parapet de sacs de terre qui protégeait l'abri et, tantôt rampant sur le sol, tantôt se faufilant entre des troncs d'arbres renversés et déchiquetés par les monstrueux projectiles allemands, il atteignit un petit ravin peu profond situé à peu près à égale distance des deux lignes adverses, c'est-à-dire à cinquante mètres environ de l'une et de l'autre de ces lignes, Là il s'arrêta.

Que venait-il faire seul, au milieu de la nuit, à l'insu de son père, qui, à ce moment, douillettement enroulé dans sa couverture, dormait en rêvant peut-être à la demi-douzaine de Boches à qui, la veille, il avait tout bonnement coupé la tête, sans doute pour les garantir contre l'éventualité d'un rhume de cerveau ?

Ce qu'il venait faire, Bakari le savait bien. Ce qui l'attirait là, ce n'était ni l'attrait d'une promenade nocturne, ni le besoin d'échapper pour quelques instants à une immobilité si contraire à sa nature. Son escapade avait un tout autre motif. Étendu, aux premières heures de la nuit, le visage contre terre, au fond de la tranchée, il avait cru percevoir au-dessous de lui un bruit sourd de coups rapides et réguliers révélant l'exécution de quelque travail souterrain.

Bien que n'ayant encore que trois mois de campagne, il avait assez vu des choses de la guerre et des moyens plus ou moins perfides qu'elle met en œuvre, pour savoir ce qu'était une sape et quels ravages peut causer une mine puissamment chargée, posée au bon endroit, allumée en temps opportun.

Il s'était dit que les coups répétés qui avaient éveillé son attention ne pouvaient provenir que de la préparation d'une embûche de ce genre, et, bravement, avec cette insouciance du danger qui est le propre du jeune âge, il avait résolu de tout tenter pour en prévenir les effets.

Arrivé au bord du ravin, que hérissait un inextricable fouillis de ronces entrelacées, il en scruta du regard les abords. Aucun mouvement suspect, rien qui fût de nature à l'inquiéter. Il se laissa alors glisser avec les plus grandes précautions le long du talus, et appuyant une oreille contre terre, il écouta, dans l'espoir de surprendre de nouveaux bruits qui viendraient confirmer ses prévisions.

Il était là depuis cinq minutes à peine, immobile et retenant son souffle, lorsqu'un murmure de voix étouffées vint le faire tressaillir. C'étaient deux grands diables de Boches qui, à quelques pas de lui, surgissaient, en se traînant sur les genoux, d'une étroite galerie débouchant sur le ravin, au pied du talus le plus voisin de la tranchée française.

L'un d'eux était porteur d'une pelle et d'une pioche et l'autre d'un pic. Sans échanger un seul mot, ils se frayèrent un passage entre les terres fraîchement remuées, probablement extraites du couloir d'où ils sortaient, et tournant à gauche, c'est-à-dire du côté opposé à celui où Bakari se tenait caché, ils s'engouffrèrent, quelques pas plus loin, dans un second couloir qui s'ouvrait au pied de l'autre talus.

Sans perdre un instant, Bakari se dresse, concentre toute l'acuité de son regard dans les ténèbres qui l'enveloppent et, l'oreille aux aguets, se glisse à son tour dans la galerie que les deux Boches viennent de quitter.

Le ravin, on l'a vu plus haut, partageait en deux fractions à peu près égales la distance d'une centaine de mètres qui séparait les deux tranchées ennemies. L'étroit tunnel que la précoce perspicacité de notre jeune Soudanais lui avait fait découvrir, avait donc de quarante-cinq à cinquante mètres de long. Le vaillant enfant en avait parcouru une assez grande partie, lorsqu'il tomba en arrêt devant un petit point lumineux d'où s'échappaient, en grésillant, de minuscules étincelles. C'était une mèche à mine formée d'un cordon Bickford, sorte de corde au centre de laquelle court un filin ininterrompu de poudre noire dont la combustion, se propageant jusqu'à la charge de l'ex-

IL PASSA A UN DE SES CAMARADES LE CORPS INERTE DE L'ENFANT.

LES MIETTES DE LA GLOIRE.   20

plosif auquel il est relié, y met le feu et le fait éclater.

Bakari savait bien cela pour en avoir maintes fois entendu parler ses grands frères du bataillon; il savait aussi que la mèche à mine brûle généralement à raison de un mètre par minute, et qu'il fallait, par conséquent, agir au plus vite.

Avec une promptitude de décision dont l'opportunité lui paraissait indiscutable, il se saisit d'un poignard marocain qu'il portait toujours suspendu à sa ceinture dans une gaine de cuir, et d'un coup rapide et sûr il trancha le cordon à cinq ou six pouces de son extrémité allumée. Entourant ensuite de ses doigts repliés la mèche perfide, il se laissa guider par elle jusqu'à un endroit où la galerie se bifurquait en deux branches obliquement dirigées vers la tranchée menacée.

Plongé dans une obscurité complète, il s'engagea d'abord dans celle de droite; puis, revenant sur ses pas, dans celle de gauche, et au bout de chacune d'elles, sans doute sous la tranchée même, ses mains se posèrent à tâtons sur un corps de forme cubique de vingt à vingt-cinq centimètres de côté.

— Ça mélinite, se dit-il.

Il ne se trompait pas. C'était bien, en vérité, devant deux cartouches de mélinite qu'il se trouvait. Sous ce mince volume, ainsi placé en deux points différents, cet explosif, d'une formidable puissance destructive, aurait pu produire des effets désastreux en faisant sauter, avec une portion considérable de la tranchée,

tous ceux qui, à cette heure, s'y reposaient ou veil-
laient pour le salut commun.

Résolument, sans la moindre hésitation, il s'empare
de l'un et de l'autre paquet, les serre avec force sous
chacun de ses bras et, aussi rapidement que le lui
permet la difficulté de se mouvoir dans ce boyau obscur et bas où il est obligé de marcher le corps plié en
deux, il se dirige vers l'issue du souterrain.

A ce moment, la lune, se dégageant du rideau de nuages noirs qui l'avaient voilée jusqu'alors, inondait la
campagne d'une lueur vague, indécise, suffisante néanmoins pour rendre difficile et périlleuse la tâche que
poursuivait notre jeune héros.

Cependant il ne pouvait pas, il ne voulait pas rester
en si beau chemin. Quoiqu'il fût bien sûr maintenant
que la mine ne partirait pas, il avait hâte de regagner
la tranchée, où son père avait pu s'apercevoir de son
absence et concevoir à son sujet les plus vives inquiétudes.

Il gravit donc le talus du ravin, dans l'intention de
traverser avec les mêmes précautions qu'à l'aller
l'espace de terrain découvert séparant les deux lignes
ennemies. Mais son audacieuse entreprise n'était plus
servie par les ténèbres qui l'avaient favorisée tout à
l'heure. De plus, le dangereux fardeau dont ses bras
étaient embarrassés paralysait la liberté de ses mouvements, l'empêchait de se glisser en rampant d'une touffe
d'herbe à une autre, d'un buisson au buisson voisin.
Et cependant il importait de rentrer au plus vite pour

informer les tirailleurs du coup que les Boches avaient préparé contre eux, et que son ingénieuse bravoure avait fait complètement avorter.

Cette perspective, la fierté qu'il éprouvait de son acte, la joie qu'il espérait causer à son père lorsqu'il lui ferait connaître le motif et les résultats de son escapade, le firent se départir de toute prudence. Renonçant à se dissimuler plus longtemps à la surveillance des Allemands qui, terrés dans leurs abris, devaient se tenir aux aguets en attendant les effets de l'explosion, Bakari se redressa, jeta un coup d'œil rapide derrière lui et, de toute la vitesse de ses jambes, s'élança vers la tranchée française.

Il n'en était plus qu'à quelques pas et il allait franchir le parapet, lorsque plusieurs détonations retentirent dans le silence de la nuit ; des balles sifflèrent à ses oreilles, et l'intrépide enfant, une épaule fracassée, tomba de tout son long sur le sol.

Au bruit de la fusillade, nos hommes se réveillent, et avec eux le sergent Kadoul ben Ruffi. Sa première pensée est pour son enfant ; il le cherche à ses côtés, où, peu d'heures auparavant, il l'a vu s'endormir.

Mais Bakari n'est plus là.

Le cœur étreint d'un affreux pressentiment, il le réclame à tous les échos. Ne le trouvant pas parmi les tirailleurs, il se précipite sur le parapet, et d'un regard avide fouille devant lui le terrain, sur lequel l'astre des nuits continue à répandre sa mélancolique clarté.

Soudain il pousse un cri terrible, un cri de douleur et de rage. Sans songer un seul instant au danger qu'il court lui-même en s'offrant tout entier pour cible aux balles ennemies, il saute en bas de la tranchée, saisit entre ses bras le corps inerte de l'enfant étendu sans vie sur l'herbe, le passe par-dessus les sacs de terre à l'un de ses camarades accourus à ses cris et, d'un bond, il se retrouve près de son pauvre petit, mort ou gravement blessé.

Mort? Fort heureusement, non. Bakari n'était que blessé. Malgré la souffrance qu'avait dû lui causer sa blessure, les bras du vaillant enfant tenaient encore les deux pétards de mélinite si fortement pressés contre ses flancs, que son père ne put que difficilement les en arracher.

Il fut cité à l'ordre de la brigade et chaudement félicité par le commandant et tous les officiers du bataillon.

Trois mois plus tard, à peu près entièrement rétabli, mais, à son grand chagrin, dans l'impossibilité de continuer la campagne, |notre| jeune Soudanais était renvoyé à Médine, près de sa mère.

Et comme, au moment de se séparer de lui, Kadoul, doucement et d'une voix que l'émotion faisait trembler, le grondait, pour la dernière fois, de s'être ainsi exposé à une mort presque certaine :

— C'était pour toi, mon petit père ; pour toi et pour la France, répondit l'héroïque enfant avec un sourire de ses lèvres pâlottes.

TABLE DES CHAPITRES